Michael Grandt

IHRE VORSORGE-MAPPE

SO SCHÜTZEN SIE IHR VERMÖGEN

Michael Grandt

IHRE VORSORGE-MAPPE

SO SCHÜTZEN SIE IHR VERMÖGEN

FBV

Bibliografische Information der Deutschen Nationalbibliothek
Die Deutsche Nationalbibliothek verzeichnet diese Publikation in der Deutschen Nationalbibliografie. Detaillierte bibliografische Daten sind im Internet über **http://dnb.d-nb.de** abrufbar.

Für Fragen und Anregungen:
info@finanzbuchverlag.de

1. Auflage 2016

ein Imprint der Münchner Verlagsgruppe GmbH
Nymphenburger Straße 86
D-80636 München
Tel.: 089 651285-0
Fax: 089 652096

Diese Studie ist kein Ersatz für eine gründliche Analyse Ihrer individuellen finanziellen Situation, die von Leser zu Leser variiert. Diese Publikation stellt einen Gesamtüberblick dar. Sie sollten sich zusätzlich informieren und Ihre Entscheidungen eigenverantwortlich treffen. Meine Einschätzungen, Prognosen und Tipps sind als persönliche Meinungsäußerung und als unverbindliche Information anzusehen. Bitte beachten Sie, dass die hier gemachten Angaben Änderungen unterliegen, die nicht in meiner Verantwortung liegen. Der Verlag und auch ich können daher keine Haftung für Vollständigkeit und Richtigkeit der Angaben in dieser Studie oder für Ihre daraus abgeleiteten Aktionen übernehmen. Wenden Sie sich für rechtlich verbindliche Empfehlungen an lizenzierte Finanzberater oder andere Institutionen.

Redaktion: Judith Engst
Korrektorat: Hella Neukötter
Umschlaggestaltung: Stephanie Druckenbrod
Umschlagabbildung: Shutterstock
Satz: inpunkt[w]o, Haiger
Druck: Florjancic Tisk d.o.o., Slowenien
Printed in the EU

Abbildungen Seiten 13, 28, 41, 51, 52, 54, 59, 60, 73, 83, 88, 89, 91, 92, 93, 94, 96, 97, 99, 101, 102, 104, 107, 110, 111, 119 von shutterstock Abbildungen Seiten 66, 81 von iStock Abbildung Seite 118 von Fotolia Abbildungen Seiten 45, 46, 75, 85, 108 eigene Darstellung

ISBN Print 978-3-89879-960-7
ISBN E-Book (PDF) 978-3-86248-870-4
ISBN E-Book (EPUB, Mobi) 978-3-86248-871-1

Weitere Informationen zum Verlag finden Sie unter

www.finanzbuchverlag.de

Inhalt

Pocca: Es gibt Dinge, die man nicht beschreiben kann – in ewiger Verbundenheit
Dein Schriftsteller

Was ist das?
»Wer es herstellt, spricht nicht darüber.
Wer es annimmt, kennt es nicht.
Wer es kennt, will es nicht.«
(Auflösung siehe Fußnote)[1]

Vorbemerkung des Autors:

Ich weise darauf hin, dass diese Studie kein Ersatz für eine gründliche Analyse Ihrer individuellen finanziellen Situation darstellt, die von Leser zu Leser variiert. Diese Publikation stellt einen Gesamtüberblick dar. Sie sollten sich zusätzlich informieren und Ihre Entscheidungen eigenverantwortlich treffen. Meine Einschätzungen, Prognosen und Tipps sind als persönliche Meinungsäußerung und als unverbindliche Information anzusehen. Bitte beachten Sie, dass die hier gemachten Angaben Änderungen unterliegen, die nicht in meiner Verantwortung liegen. Der Verlag und auch ich können daher keine Haftung für Vollständigkeit und Richtigkeit der Angaben in dieser Studie oder für Ihre daraus abgeleiteten Aktionen übernehmen. Wenden Sie sich für rechtlich verbindliche Empfehlungen an lizenzierte Finanzberater oder andere Institutionen.

1. Einleitung

Börsenabstürze, Schuldenkrisen, Ölpreisverfall. Sie sehen, wie fragil das ganze Finanzsystem ist. Ihr hart erarbeitetes Geld jetzt *richtig* und *krisensicher* anzulegen entscheidet darüber, wie Sie im Alter leben. Ihre Altersversorgung ermöglicht Ihnen nicht nur, Dinge zu kaufen; sie verschafft Ihnen auch Ruhe und Lebensqualität.

Unsere Welt ist nach wie vor in großem Aufruhr: Der Ukraine-Krieg, der Syrien-Konflikt, die Unruhen im Nahen Osten, der Terror, den der Islamische Staat jetzt auch zu uns trägt, die Übergriffe in Köln und Millionen Menschen, die nach Europa fliehen.

Aber auch finanz- und wirtschaftspolitisch ist die Lage nach wie vor äußerst brisant. Acht Jahre nach dem Zusammenbruch der US-amerikanischen Investmentbank Lehman Brothers ist das globale Finanzsystem wackeliger denn je. Die EU, die USA, Indien und China sind angeschlagen. Die Schuldenkrise hat die Welt nach wie vor fest im Griff – allen gegenteiligen Beteuerungen zum Trotz.

➔ Trauen Sie niemanden. Sowieso nicht den politischen Schönfärbern, die Sie nur in falscher Sicherheit wiegen wollen. Die Wahrheit sieht nämlich ganz anders aus:

Crashsignale: In den letzten sechs Jahren haben die Notenbanken die Welt mit 19 Billionen Euro Geld geflutet. Seit 2009 hat alleine die US-Notenbank 2,8 Billionen Dollar ins Finanzsystem gepumpt. Seit der Lehman-Pleite im Jahr 2008 haben die Zentralbanken 577 (!) Mal die Zinsen gesenkt. Die Aktien in den USA werden gegenwärtig mit dem 26,5-Fachen (!) der Firmengewinne bewertet. Die Spekulationsblasen waren noch nie so gigantisch.

Kein Schuldenabbau: Auch im achten Krisenjahr gibt es keine Anzeichen für großflächige Entschuldungen der Staaten. Im Gegenteil: Seit 2008 sind die globalen Schulden um 40 % auf 176 Billionen Euro angewachsen. Die vielfältigen Sparbemühungen der Regierungen zielen hauptsächlich darauf ab, keine neuen Schulden zu machen. »Sparen« heißt im Politikerjargon nicht etwa, momentan freie Mittel zur späteren Verwendung zurückzulegen, sondern lediglich keine neuen Schulden zu machen. Von echter Schuldenkonsolidierung also keine Spur.

Europa-Crash: Die Lage ist nach wie vor höchst dramatisch. Die europäischen Banken haben faule Kredite in Höhe von mindestens 720 Milliarden Euro gebunkert. Die Bank für den Internationalen Zahlungsausgleich (BIZ) bezeichnet die gegenwärtige Lage an den Finanzmärkten als noch schlechter als vor der Lehman-Pleite. Für Griechenland, Zypern, Frankreich, Italien, Portugal und Belgien ist die Situation schlimmer als je zuvor und auch Slowenien kommt nicht auf die Beine. Ich halte weitere Staatsinsolvenzen für unvermeidbar. Auch bei den Banken gibt es unverändert Probleme. Die EU steht mit einem Bein im Grab – und mit ihr der Euro und Ihre Ersparnisse.

Unnütze Sparpakete: Man muss kein Volkswirt sein, um das zu verstehen. Ein einfaches Beispiel illustriert, wie unsinnig Sparpakete zur Steigerung der Wettbewerbsfähigkeit sind: Sie haben 100 Euro in der Tasche, die Sie ausgeben können. Durch Steuererhöhungen und Abgaben schöpft der Staat 30 Euro davon ab. Sie haben jetzt nur noch 70 Euro zur Verfügung. Aber wie sollen Sie mit diesen 70 Euro mehr ausgeben als vorher mit den 100? Genau das aber ist das Prinzip der viel gerühmten Sparpakete. Die Belastung für den Schuldendienst der Staaten steigt dadurch noch, weil der Binnenkonsum einbricht und die Krisenländer noch weniger wettbewerbsfähig werden. Ein Irrsinn, oder?

Gemeinsame Einlagensicherung: Immer noch fordern der IWF und führende Mitglieder der EU-Kommission die Einführung einer europäischen Bankenunion mit gemeinsamer Einlagensicherung. Beschlossen wurde bisher die direkte Bankenaufsicht. Dadurch hat die Europäische Zentralbank (EZB) künftig Zugriff auf Informationen über Europas Banken und kann bei Bedarf direkt eingreifen. Der Einlagenschutz der Banken soll ebenso so neu geregelt werden – und zwar zu Ihren Ungunsten. Anstelle eines finanzschwachen Einzelstaats haften dann alle EU-Länder gemeinsam für die Banken. Egal wie: Das Schutzniveau für Ihr Geld wird deutlich sinken. Krisenbanken könnten für ihre Einlagensicherungsfonds einen Kredit bei deutschen Banken aufnehmen. Tritt dann eine Zahlungsunfähigkeit ein, schrumpft der Hilfsfonds der deutschen Banken. Ihre Bankeinlagen wären dann also gefährdet. Die Wahrscheinlichkeit, dass Sie mit Ihren Bankguthaben für die Einlagen von Bürgern anderer EU-Bankrottstaaten haften müssen, ist deutlich höher als umgekehrt.

Niedrigzinsen: Die Gefahren von billigem Geld sind größer für Sie, als Sie denken. Die EZB hält die Zinsen mit aller Macht auf einem künstlich niedrigen Niveau. Das führt zu Ihrer schleichenden Enteignung, denn die Habenzinsen sind *noch* niedriger als die Teuerungsrate. Durch die schwindende Kaufkraft wird auch Ihr Guthaben – ob in bar oder auf einem Konto – immer wertloser.

Vermögenssteuer: Politiker, vor allem linker Couleur, diskutieren schon lange über die Wiedereinführung der Vermögenssteuer. Bestraft werden sollen damit die »Reichen«. Doch die Wahrheit ist: Bestraft werden würden alle, die für ihr Alter vorsorgen. Glauben Sie also keinem, der Ihnen vortäuschen will, dass eine Vermögenssteuer »gerecht« sei, weil sie nur die »Reichen« trifft.

Aussterben unserer Mittelschicht: Diejenigen, die hierzulande Leistung erbringen, werden bestraft, indem sie systematisch zur Kasse gebeten werden. Ausgerechnet die Bevölkerungsgruppe, die am meisten erwirtschaftet, wird durch immer höhere Steuern und Abgaben zerdrückt. Pro Kopf zahlt jeder Deutsche etwa 7.500 Euro im Jahr beziehungsweise 20 Euro am Tag ans Finanzamt. Jedes Jahr verlassen über 150.000 dieser Leistungsträger unser Land. Tendenz: steigend.

Kriminalität: In Deutschland werden jährlich rund sechs Millionen Straftaten begangen. Tendenz auch hier: steigend. Ist Ihr Haus, Ihre Wohnung wirklich sicher und haben Sie Ihre Wertsachen einbruchsicher verstaut?

Flüchtlinge: Es ist noch nicht abzusehen, wie die massenhafte Zuwanderung unser Land verändern wird. Sicher ist jedoch, dass die Unterbringung und Integration viele Milliarden Euro kosten wird. Experten schätzen, dass die meisten der Flüchtlinge zehn Jahre lang brauchen werden, um in unseren Arbeitsmarkt eingegliedert werden zu können. Bis dahin kommen gewaltige Belastungen auf unsere Sozialsysteme zu.

Meine Schlussfolgerungen:

- Es dauert mindestens 15 Jahre, bis der wirtschaftliche Normalzustand wieder erreicht sein wird.
- Bis der Schuldenabbau richtig greift, wird es ein oder zwei Generationen lang dauern.
- Soziale Unruhen – auch als Folge der Zuwanderungspolitik – sind nicht mehr auszuschließen.
- Ihre Ersparnisse sind in höchster Gefahr.
- Die staatliche Altersvorsorge wird auf einen Mindestsatz sinken.
- Soziale Leistungen werden weiter gekürzt.
- Mit Steuer- und Abgabenerhöhungen ist zu rechnen.

➔ Der Staat wird sich neues Geld von denen holen, die es (noch) haben: von Ihnen!

➔ Sie sind die letzte verbleibende Melkkuh, die noch Milch gibt!

Sie sehen also, wie fragil das ganze Finanzsystem ist. Ihr hart erarbeitetes Geld jetzt *richtig* und *krisensicher* anzulegen entscheidet darüber, wie Sie im Alter leben. Ihre Altersversorgung ermöglicht Ihnen nicht nur, Dinge zu kaufen; sie verschafft Ihnen auch Ruhe und Lebensqualität.

Deshalb erfahren Sie in dieser Studie

- die sechs größten Deutschland-Lügen,
- warum herkömmliche Kapitalanlagen keinen Krisenschutz bieten,
- warum die Inflation viel höher ist, als Sie glauben,
- warum Geld eigentlich nichts wert ist,

- wie Sie Ihr Vermögen durch krisensichere Sachwerte schützen können,
- wie Ihr Vermögensschutz-Portfolio aussehen sollte,
- warum Sie Ihre Gesundheit nicht vernachlässigen dürfen.

Viele Tabellen, Charts, Merkkästen und Checklisten sollen das Verstehen erleichtern und wichtige Dinge noch einmal für Sie zusammenfassen.

Seien Sie schlau und nutzen Sie den Wissensvorsprung aus dieser Studie, um Ihr Vermögen in trockene Tücher zu bringen.

Herzlichst

Ihr

Dr. Michael Grandt

2. Verschwiegen: Warum Deutschland am Abgrund steht

Für viele ist unsere Republik eines der reichsten und wirtschaftlich erfolgreichsten Länder. In der Außen- und auch in der Innenwahrnehmung könnte man das sogar glauben. Doch der Schein trügt. Ich sage Ihnen: Wir sind *nur* die Besten von den Schlechtesten!

Für viele ist unsere Republik eines der reichsten und wirtschaftlich erfolgreichsten Länder. In der Außen- und auch in der Innenwahrnehmung könnte man das sogar glauben. Doch der Schein trügt. Ich sage Ihnen:

➔ Wir sind *nur* die Besten von den Schlechtesten!

Warum das so ist, möchte ich natürlich auch begründen.

2.1 Die »Deutschland-profitiert-vom-Euro«-Lüge

Der Trick mit den finanziellen Verpflichtungen Deutschlands gegenüber der EU ist alt: Man offenbart Ihnen immer nur einen kleinen Teil. Eine Gesamtrechnung gibt es nicht. Serviert man Ihnen diese häppchenweise, sehen die einzelnen Posten gar nicht mehr so hoch aus. Man kann Ihnen damit sogar noch verkaufen, dass wir von der EU *profitieren* würden.

Ich habe lange gebraucht, um alle Kosten, die uns durch die EU entstanden sind und die uns die EU kostet, vernünftig zu recherchieren.

Gesamtrechnung: Das kostet uns die EU	(nur deutscher Anteil in Mrd. Euro):
Target-Forderungen der Bundesbank[2]:	750,0[3]
Haftung für EZB-Staatsanleihenkäufe:	318,0[4]
Maximaler Garantieanteil EFSF:	211,0[5]
Bareinzahlung ESM:	21,7[6]
Garantien ESM:	168,3[7]
EU-Einlagensicherungsfonds (SRM)[8]:	15,3[9]
Erstes Griechenland-Rettungspaket (2010):	15,2[10]
Deutsche IWF-Hilfe erstes Griechenlandpaket:	1,2[11]
Zweites Griechenland-Rettungspaket (2012):	38,3[12]
Deutsche IWF-Hilfe zweites Griechenlandpaket:	0,7[13]
Überbrückungskredit vor dem dritten Griechenland-Rettungspaket:	1,6[14]
Geplanter Beistandspakt für Nicht-Euro-Länder:	10,0[15]
Einlage in die EZB:	6,0
Nettoeinzahlung in die EU (Differenz Ein- und Auszahlung):	170,6[16]
Vermögensverlust durch den niedrigen Euro:	53,0[17]

Wohlstandsverlust durch Wirtschaftswachstumsrückgang und deutsches Geld zur Bezahlung der Leistungsbilanzdefizite anderer EU-Länder:	1.000,0[18]
Kosten für Flüchtlinge, weil andere EU-Staaten zu wenige aufnehmen:	20,0[19]
Bisherige Gesamthaftung Deutschlands:	2,8 Billionen Euro!

Vergessen Sie das Credo unserer Politiker und Mainstreammedien: *»Der Euro ist gut für Deutschland« und »Deutschland profitiert vom Euro«.* Denn der Euro kostet uns weit mehr, als er uns nützt. Was könnten wir in unserem Land mit diesen 2,8 Billionen Euro nicht alles finanzieren: Schulen, Straßen, Kindergärten, Altenheime, Pflegeheime und so weiter und so fort. Lassen Sie sich also nicht mehr anlügen!

2.2 Die Schuldenlüge

Doch die nächste Lüge folgt schon auf dem Fuße. Die unserer Verschuldung. Die *offizielle* Staatsverschuldung beträgt zurzeit rund 2,2 Billionen Euro.

Die Staatsverschuldung der letzten Jahrzehnte hat sich rasant entwickelt:

Jahr	Schulden (in Mrd. Euro)	
1950:	10	
1960:	29	(+19 Mrd.)
1970:	63	(+34 Mrd.)
1980:	237	(+174 Mrd.)
1990:	536	(+299 Mrd.)
2000:	1.198	(+662 Mrd.)
2005:	1.448	(+250 Mrd.)
2006:	1.481	(+33 Mrd.)
2007:	1.502	(+21 Mrd.)
2008:	1.515	(+13 Mrd.)
2009:	1.760	(+245 Mrd.)
2010:	1.805	(+45 Mrd.)
2011:	2.088	(+283 Mrd.)
2012:	2.144	(+56 Mrd.)
2013:	2.159	(+15 Mrd.)
2014:	2.170	(+11 Mrd.)
2015:	2.226	(+56 Mrd.)

Merke:

In nur 65 Jahren ist die Staatsverschuldung Deutschlands um das 222-Fache gestiegen! Alleine seit Einführung des Euro um das 99-Fache!

Doch das ist leider nur die halbe Wahrheit.

Bei diesen Zahlen *nicht* beachtet wird nämlich die ***implizite*** Verschuldung (versteckte Verschuldung), die sich aus der Höhe der zukünftigen staatlichen Zahlungsverpflichtungen wie etwa Renten- oder Pensionszahlungen und zukünftige Aufwendungen für die Sozialsysteme ergibt.[20]

Wenn Sie die Staatsschulden also richtig rechnen wollen, *müssen* Sie diese außerbilanziellen Belastungen dazuzählen. Dann ergibt sich ein ganz anderes Bild. 2015 wurden diese Zahlen veröffentlicht, aber von Mainstreammedien allenfalls als Randnotiz beachtet, sodass in den Köpfen der Menschen nur die **offizielle** Schuldensumme herumgeistert.

Die »Generationenbilanz« der *Stiftung Marktwirtschaft* ergab die Gesamt-Staatsverschuldung (implizit und explizit) von sage und schreibe 6,7 Billionen Euro![21]

➔ Das ist das 3-Fache der offiziellen Schuldensumme!

Beispiel: Deutschland hat also jetzt schon rund 6.700 Milliarden Euro Gesamtschulden. Die jährlichen Einnahmen belaufen sich auf rund 700 Milliarden Euro.[22] Würde man also ab sofort *alles* Geld, das man einnimmt, (also zu 100 %) nur für die Schuldentilgung ausgeben und keine neuen Schulden mehr aufnehmen, würde man mehr als **9,5 Jahre**[23] benötigen, um diese abzahlen zu können.

In Wirklichkeit werden die Schulden jedoch nur mit 1 % bis 2 % pro Jahr getilgt. Dazu kommen die jährlichen Zinszahlungen (rund 56 Mrd. Euro[24]), die dazugezählt werden müssen.

Merke:

Staatsschulden werden nicht wie bei einem Hypothekendarlehen konstant zurückgeführt, sondern können sich sogar noch steigern, wenn die Neuverschuldung höher ist als die Tilgung. Eine größere Neuverschuldung halte ich aufgrund der vielen Krisen in den nächsten Jahrzehnten durchaus für möglich.

Jetzt schon würde Deutschland **ohne Zinsen** bis zu **200 Jahre** benötigen (bei Tilgung 1 % bis 2 %), um die **bestehenden Schulden abzuzahlen**. Verbindlichkeiten in dieser Größenordnung kann der Staat nie wieder zurückführen, wenn nichts Einschneidendes geschieht. Ich meine damit eine Währungsreform.

Doch die Schulden betreffen nicht nur den deutschen Staat. Auch Banken, Unternehmen und Privathaushalte sind so hoch verschuldet wie noch nie:

Finanzsektor:	70 % des BIP	=	2,03 Billionen Euro
Unternehmen:	54 % des BIP	=	1,57 Billionen Euro
Private Haushalte:	54 % des BIP[25]	=	1,57 Billionen Euro
Staatsverschuldung:			6,70 Billionen Euro
Gesamtverschuldung Deutschland:			11,87 Billionen Euro

Info

Deutschland ist mit fast 12 Billionen Euro verschuldet!

Noch nicht eingerechnet sind dabei rund 0,5 Billion Euro an Garantien, Haftungen und Barzahlungen aufgrund der verschiedenen Euro-Rettungsfonds.

➔ Diese exorbitante Verschuldung ist mit normalen Mitteln nicht mehr zu tilgen!

2.3 Die Arbeitslosenlüge

Großer medialer Jubel und Schulterklopfen im Oktober 2015: Die Arbeitslosenzahl von 2,7 Millionen war bis dahin die niedrigste seit 24 Jahren. *DIE WELT* sprach sogar vom »*goldenen Oktober*«.[26] Begeisterte Politiker der Regierungskoalition sahen das »*Rekordtief*« als Bestätigung ihrer Arbeit.

Verschwiegen wurde aber, dass die monatliche Arbeitslosenstatistik auf Lügen beruht. Die Zahlen werden nämlich frisiert und schöngefärbt. Die Bundesagentur für Arbeit gab das bereits 2013 zu. Ich zitiere hier wörtlich (Hervorhebungen durch mich):

»Durch das Gesetz zur Neuausrichtung der arbeitsmarktpolitischen Instrumente wurde mit Wirkung zum 1. Januar 2009 eine Reihe von Instrumenten verändert, abgeschafft oder neu gestaltet (...) Die Neuausrichtung der Instrumente hat indirekt Auswirkungen auf die Vergleichbarkeit der

Arbeitslosenzahlen im Zeitablauf. Nach § 16 Absatz 2 SGB III ***gelten Teilnehmer an Maßnahmen der aktiven Arbeitsmarktpolitik nicht als arbeitslos.*** *Diese Regelung kommt bei den neuen Maßnahmen nach § 46 SGB III zum Tragen und* ***entsprechend werden Teilnehmer an solchen Maßnahmen einheitlich nicht als arbeitslos geführt. Dies galt auch schon für Teilnehmer an Eignungsfeststellungs- und Trainingsmaßnahmen (...) Erwerbsfähige Hilfsbedürftige, die nach Vollendung des 58. Lebensjahres mindestens für die Dauer von zwölf Monaten Leistungen der Grundsicherung für Arbeitssuchende bezogen haben, ohne dass ihnen eine sozialversicherungspflichtige Beschäftigung angeboten worden ist, gelten nach Ablauf dieses Zeitraums für die Dauer des jeweiligen Leistungsbezugs nicht als arbeitslos (...).«***[27]

Nicht als arbeitslos[28] gelten demnach:

- Kurzarbeiter
- ABM-ler (Personen, die an Arbeitsbeschaffungsmaßnahmen teilnehmen)
- Personen, die einen Beschäftigungszuschuss erhalten
- Personen in beruflicher Weiterbildung (einschließlich Reha)
- Personen, die sich aktuell Eignungsfeststellungs- und Trainingsmaßnahmen unterziehen (einschließlich Reha-Restabwicklung)
- Personen, die an Maßnahmen zur Aktivierung und beruflichen Eingliederung teilnehmen
- Vorruheständler, Personen in geförderter Altersteilzeit
- Personen, die sich durch Gründungszuschuss u. Ä. selbstständig machen
- Personen, die arbeitsunfähig sind und Arbeitslosengeld beziehen
- Personen während einer Aktivierung und beruflichen Eingliederung
- Ein-Euro-Jobber
- Alle Personen ab einem Alter von 58 Jahren, die seit mindestens zwölf Monaten Arbeitslosengeld II beziehen und in dieser Zeit keine sozialversicherungspflichtige Beschäftigung angeboten bekommen haben[29]
- Zusätzlich streicht die Arbeitsagentur alle aus der Statistik, die eine Vermittlung erschweren, weil sie ihre Pflichten bei der Jobsuche nicht erfüllen[30]

➔ Durch diese Beschönigungen müssen Sie zu den offiziellen Zahlen noch zwischen 1 und 1,5 Millionen Arbeitslose hinzuzählen!

Merke:

Die Bundesagentur für Arbeit meldet monatlich neue Zahlen. Arbeitslos sind – wie Sie gesehen haben – also nur jene Menschen, die offiziell nach § 16 SGB III als Arbeitslose **nicht mehr wegzudefinieren** sind. Vorsicht also vor diesen Betrugszahlen!

Im so hochgelobten »goldenen Oktober« 2015 waren offiziell nur 2,7 Millionen Menschen arbeitslos. Diese Zahl wollte man Ihnen verkaufen. Doch die Statistik verriet sich selbst. Denn dort waren nämlich auch 4,3 Millionen »erwerbsfähige Leistungsempfänger« von »Geldleistungen« aufgeführt.[31]

➔ 1,6 Millionen staatlich alimentierte Menschen hat man einfach nicht in die Arbeitslosenzahlen eingerechnet!

Im Klartext: Anstatt den bejubelten 2,7 Millionen erhielten 4,3 Millionen Menschen Geldleistungen von der Bundesagentur für Arbeit. Das ist die ganze Wahrheit.

In der freien Wirtschaft würde jeder Unternehmer wegen Bilanzbetrug angezeigt werden. Für die Bundesregierung und ihre Bundesagentur für Arbeit aber ist es völlig normal, mit ihren monatlichen Betrugszahlen aufzuwarten. Sie erkennen auch hier einen gigantischen Schwindel, einen Volksbetrug, der Ihnen die wahre Situation in unserer Republik verschweigen soll.

Und noch etwas: Arbeitsministerin Andrea Nahles (SPD) bekräftigte bereits letztes Jahr, dass die Zahl der Arbeitslosen durch den Flüchtlingszuzug im Jahr 2016 deutlich steigen werde.[32] Im Moment sind die genauen Zahlen noch nicht zu eruieren. Abzuwarten bleibt, ob diese dann auch durch eine Sonderregelung aus der Statistik fallen werden, damit man über die »niedrigen« Arbeitslosenzahlen weiterhin jubeln kann.

2.4 Die Rentenlüge

Überall in den Medien hören Sie, wie »sicher« die gesetzliche Rente (RV) sei. Ja mehr noch: 2016 steigen die Renten um bis zu 4,5 %![33]

Die Rente ist also sicher? – Genau das wollen Ihnen die Regierungspolitiker verkaufen. Aber auch das ist wieder nicht richtig. Denn für die Ausgaben der gesetzlichen Rente reichen die Beitragszahlungen schon lange nicht mehr aus.

Im Jahr 2015 mussten 40,2 Milliarden Euro vom Bund in die Rentenkasse eingezahlt werden.[34] »Bundeszuschuss« nennt man das. In Wirklichkeit handelt es sich dabei aber um Steuergelder. Ja, Sie haben richtig gehört. Die Rentenbeiträge reichen schon lange nicht mehr aus. Sie als Steuerzahler müssen noch zusätzlich ran.

Aber das ist noch lange nicht alles: 1 % der Mehrwertsteuer kommt noch zusätzlich dazu. Das summierte sich im Jahr 2015 immerhin auf 10,58 Milliarden Euro.[35] Und was viele nicht wissen: Die Ökosteuer kommt noch obendrauf! Im letzten Jahr waren das nochmals 11,6 Milliarden Euro.

So sieht die Finanzierung der angeblich so »sicheren« Rente in Wahrheit aus:

Zuflüsse	2015	2016 (Prognose)
Beitragseinnahmen	204,9 Mrd. Euro	210,9 Mrd. Euro
Bundeszuschüsse	40,2	41,3
Mehrwertsteuer	10,5	10,9
Ökosteuer	11,6	12,0

Einnahmen der allgemeinen Rentenversicherung (Quelle: Deutsche Rentenversicherung)[36]

Sie erkennen daran:

- Das Umlageverfahren funktioniert *ohne* Steuerzuschüsse nicht mehr. Die aktuellen Einzahlungen in die gesetzliche Rentenversicherung reichen also bei Weitem nicht aus, um die aktuellen Auszahlungen zu bestreiten.
- Trotz hoher Beschäftigung reichen die reinen Beitragseinnahmen für die Rentenzahlungen nicht aus.
- Fast ein Drittel der Renten werden durch Steuerzuschüsse garantiert.
- Für mich ist das ein klarer Beweis dafür, dass das Umlageverfahren (aufgrund der Alters- und Bevölkerungsentwicklung) schon jetzt nicht mehr funktioniert und nur noch mittels jährlicher Notzuschüsse aller Steuerzahler künstlich am Leben gehalten wird.

Info

Rentenkürzungen bei wirtschaftlicher Schieflage in Deutschland und der EU:

Ihre gesetzliche Rente ist mit Lohnsummenrisiken verbunden und deshalb von der Entwicklung des Arbeitsmarkts und der demografischen Entwicklung abhängig. Ein oder mehrere Staatsbankrotte in der europäischen Haftungsunion würden deswegen über die damit verbundenen negativen realwirtschaftlichen Effekte und Verwerfungen an den Finanzmärkten auch negative Auswirkungen auf Ihre Rente haben. Im Klartext: Sie würden zu Rentenkürzungen führen.

Die Situation ist ernster, als Sie glauben:

Von den rund 43 Millionen Erwerbstätigen haben etwa 31 Millionen einen sozialversicherungspflichtigen Job. Diese finanzieren also 25,3 Millionen Rentner plus 5,2 Millionen Arbeitslose und Hartz-IV-Empfänger plus 1,9 Millionen Beamte plus 1,2 Millionen Pensionäre (die ja auch von Steuergeldern finanziert werden).

➔ Klartext: 43 Millionen Erwerbstätige finanzieren 33,6 Millionen Menschen, die staatliche Transfers oder Bezüge aus Steuergeldern erhalten (Verhältnis 1 : 0,8).

➔ Fast jeder, der arbeitet, finanziert noch einen anderen Menschen mit, Tendenz steigend.

Ich frage: Wie lange, glauben Sie, kann das noch gut gehen?

Wie ich Ihnen erklärt habe, ist die gesetzliche Rente zum Risiko geworden. Inflation, Demografie, Wirtschaftsentwicklung, Arbeitslosigkeit und drohende EU-Staatsbankrotte machen jedes Kasino-Spiel sicherer.

Der unsichtbare Dritte: Wie ich Ihnen weiter vorgerechnet habe, ernähren Sie schon fast einen ganzen Menschen mit! Sie sehen ihn nicht. Doch sitzt er neben Ihnen, beim Frühstück, Mittag- oder Abendessen. Er hat immer Hunger, auch wenn Sie keinen haben. Das ist der unsichtbare Dritte!

Sogar ein Laie kann sich vorstellen, dass die Lösung nur darin bestehen kann, drastische Kürzungen bei den Sozialleistungen oder Steuererhöhungen oder beides vorzunehmen.

➔ Trauen Sie Ihren Rentenbescheiden nicht, denn diese sind eine Mogelpackung!

2.5 Die Wachstumslüge

Auch unser hoch stilisiertes Wirtschaftswachstum ist nur eine Täuschung. Es ist *viel zu niedrig,* um irgendetwas zum Schuldenabbau beitragen zu können. Wie ich Ihnen oben schon erläutert habe, ist die gesamte Verschuldung und Schuldentilgung darauf ausgerichtet, ein möglichst hohes Wirtschaftswachstum zu generieren.

Was man Ihnen verschweigt:

➔ Nur um unsere Staatsschulden tilgen zu können, muss das Wirtschaftswachstum mindestens 1,5 % betragen.

Doch damit ist es nicht weit her, wie die Zahlen seit den 1960er-Jahren zeigen.

Durchschnittliches Wirtschaftswachstum in Deutschland:	
1960 – 1970:	4,4 %
1970 – 1980:	2,9 %
1980 – 1991:	2,6 %
1991 – 2001:	1,7 %
2002:	0,0 % (Euro-Einführung)
2003:	0,0 %
2004:	1,2 %
2005:	1,0 %
2006:	3,0 %
2007:	2,5 %
2008:	0,0 %
2009:	- 5,0 %
2010:	3,6 %
2011:	3,0 %
2012:	0,7 %
2013:	0,4 %
2014:	1,5 %
2015:	1,7 %
2016:	1,6 % (Prognose)[37]

Wirtschaftswachstum in Deutschland: Veränderung des preisbereinigten Bruttoinlandprodukts

(Quelle: Statistisches Bundesamt)

Sie erkennen daran:

- Seit Einführung des Euro beträgt unser Wirtschaftswachstum im Durchschnitt nur noch 0,9 %.
- Das ist ein Rückgang im Vergleich zu den 1960er-Jahren um 3,5 %, zu den 1970er-Jahren um 2 %, zu den 1980er-Jahren um 1,7 % und zu den 1990er-Jahren um 0,8 %.
- Da sage noch einer, der Euro sei gut für uns!
- Und noch etwas: Es gelang uns, nur in fünf Jahren ein Wirtschaftswachstum aufzubauen, das eine Schuldentilgung ohne Probleme möglich macht. Ergebnis: Die Schulden steigen immer mehr an.

Die Differenz zwischen 1,5 % Wachstum, die wir zum Schuldenabbau benötigen, und dem tatsächlichen Wachstum von 0,1 % (2015) oder 0,3 % (2016) soll Deutschland als »Motor Europas« ausweisen. Um aber tatsächlich ein Wirtschaftsmotor zu sein, eine Lokomotive, die voranfährt, sollte der Anstieg der Wirtschaftsleistung zwischen 3 % und 5 % betragen – und ein solches Wachstum ist vollkommen utopisch.

➔ Lassen Sie sich also nichts vormachen und fallen Sie nicht auch noch auf die »Wachstumslüge« herein.

2.6 Die »Es-geht-uns-gut«-Lüge

Ich möchte Ihnen noch einmal in einer Checkliste zusammenfassen, *warum* Deutschland am Abgrund steht und warum Sie das »Es-geht-uns-doch-gut«-Geschwafel der Mainstreammedien und Politiker keinesfalls ernst nehmen sollten.

2.6.1 Arbeitende als Melkkühe

In Deutschland wird derjenige bestraft, der fleißig ist. Durch immer mehr Steuern und Abgaben und durch die kalte Progression wird aus ihm herausgepresst, was nur herauszupressen ist. Hier eine einfache Gegenüberstellung von Steuern und Sozialabgaben.[38]

Das hat sich in nur *einer* Generation geändert:

	1979:	2016:	Veränderung:
Mehrwertsteuer	12,0 %	19,0 %	(+7,0 %)
Sozialabgaben (KV+RV)	28,0 %	35,9 %	(+7,9 %)
Zusatzbeitrag KV (Durchschnitt)	-	1,0 %	(+1,0 %)
Pflegeversicherung	-	2,6 %	(+2,6 %)
Arbeitslosenversicherung	2,0 %	3,0 %	(+1,0 %)
Solidaritätszuschlag	-	5,5 %	(+5,5 %)
Kirchensteuer	8 % – 9 %	8 % – 9 %*	
Offizielle Staatsschuld (Bund)	103 Mrd. Euro	2.272 Mrd. Euro	
Zinsausgaben (Bund)	2,7 Mrd. Euro	56 Mrd. Euro	

*** je nach Bundesland**

Sie erkennen daran:

- Sie haben jetzt durchschnittlich 25 % *mehr* Sozialabgaben und Steuern zu bezahlen.
- Der Grund dafür: Im gleichen Zeitraum sind die Staatsschulden (22x höher) und Zinszahlungen (21x höher) quasi explodiert.

➔ Der Staat braucht immer mehr Geld und er holt es sich bei Ihnen!

2.6.2 Es ist nicht alles Gold, was glänzt – warum Deutschland am Abgrund steht

1. Die Staatsschulden von über 6,7 Billionen Euro sind nicht mehr rückzahlbar. Tendenz: ➚
2. Deutschland hat bereits die höchsten Schulden in der gesamten EU. Tendenz: ➚
3. Die EU kostet unser Land bereits 2,8 Billionen Euro. Tendenz: ➚
4. Aufgrund der vielfältigen Haftungen und Garantien können weitere EU-Staatsbankrotte auch unser Land mit in den Abgrund reißen. Wahrscheinlichkeit: ➚

5. Die Verschuldung der Unternehmen und Banken ist auf einem sehr hohen Niveau. Tendenz: ↗

6. Die Bilanzsumme der deutschen Banken beträgt rund 8 Billionen Euro. Bei einem Ausfall von nur 15 % würde sich ein Abschreibungsbedarf von 1,2 Billionen Euro ergeben. Wenn die öffentliche Hand die Risiken schuldenwirksam übernähme, würde die Staatsverschuldung um 75 % (!) steigen. Schulden in dieser astronomischen Höhe wären nicht mehr zu bedienen; die unmittelbare Folge: Zahlungsunfähigkeit. Risiko: →

7. Insgesamt halten deutsche Banken von angeschlagenen EU-Staaten rund 522 Milliarden Euro an Wertpapieren. Das sind gut 20 % der gesamten Auslandsforderungen deutscher Kreditinstitute und ein Fünftel des deutschen Bruttoinlandsprodukts. Müssten deutsche Banken 30 %, 50 % oder gar 70 % dieser Forderungen abschreiben, hätte dies katastrophale Auswirkungen. Risiko: ↗

8. Das Wirtschaftswachstum ist viel zu niedrig. Tendenz: ↘

9. Unsere Mittelschicht stirbt. Immer mehr Leistungsträger wandern aus. Tendenz: ↗

10. Über 4 Millionen Menschen erhalten bereits Geldleistungen der Bundesagentur für Arbeit. Tendenz: ↗

11. Die Vergreisung Deutschlands reißt ein immer größeres Loch in die Sozialkassen. Tendenz: ↗

12. Ein *großes* Problem sind die Belastungen durch die Beamtenpensionen (rund 500 Milliarden Euro), für die es keinen Cent Rückstellungen gibt. Tendenz: ↗

13. Jeder, der arbeitet, muss bereits einen staatlich alimentierten Menschen miternähren. Tendenz: ↗

14. Die Arbeitslosigkeit wird auch aufgrund der Flüchtlingskrise zunehmen. Tendenz: ↗

15. Die Verbraucherverschuldung und die Verarmung der Bevölkerung nehmen immer mehr zu. Die Armut ist in Deutschland auf einem historischen Höchststand. Rund 12,5 Millionen Menschen sind davon betroffen. Die Armutsquote ist auf 15,5 % gestiegen: *»Noch nie war die Armut in Deutschland so hoch«.*[39] Tendenz: ↗

16. Viele Städte und Kommunen stehen bereits vor dem Bankrott. Tendenz: ↗

17. Ohne den Länderfinanzausgleich wären einige Bundesländer (z. B. Schleswig-Holstein, Berlin, Bremen, Saarland) jetzt schon zahlungsunfähig. Tendenz: ↗

18. Der Mehraufwand für die Unterbringung und Integration von Flüchtlingen in den nächsten Jahren ist realistisch noch nicht abzuschätzen. Jedenfalls werden hohe Belastungen auf die Steuerzahler zukommen. Schätzungen reichen bis zu 14.000 Euro pro Jahr und Flüchtling[40], und zwar *ohne* Gesundheitsversorgung. Laut Statistischem Bundesamt betragen diese bei einem Deutschen rund 4.000 Euro im Jahr.[41] Allerdings sind die Flüchtlinge meist in einem sehr schlechten Gesundheitszustand, wonach die Gesundheitskosten exorbitant höher sein dürften. Insgesamt also bis zu 18.000 Euro pro Flüchtling. Dazu kommen noch Integrationskosten. Tendenz: ↗

So lebt unser Sozialstaat immer mehr auf Pump und steht dicht am Abgrund. Doch noch immer verkauft man Ihnen das mit den Worten »Alles ist gut«. Und das Schlimmste: Viele Menschen glauben das auch noch!

Ich hoffe, ich konnte Ihnen jetzt die Augen über die *tatsächliche* Lage Deutschlands öffnen. Ob Euro-, Schulden-, Banken-, Finanz-, Wirtschafts-, Währungs- oder Flüchtlingskrise. *Eine* oder mehrere Krisen werden kommen bzw. fortbestehen, das ist so sicher wie das Amen in der Kirche.

Deshalb ist es wichtig zu überprüfen, ob Ihre herkömmlichen Geld- und Vermögensanlagen diesen Krisen überhaupt standhalten können. Aber machen Sie sich keine Sorgen, mit dieser Studie können Sie sich optimal vorbereiten.

3. Herkömmliche Geldanlagen bieten keinen Krisenschutz

Die herkömmlichen Vorsorgemaßnahmen erscheinen mir nicht mehr sinnvoll. Ich habe die traditionellen Anlagen für Sie einmal **nur** unter dem Gesichtspunkt **Krisenschutz** geprüft und in einer Art Checkliste kurz und prägnant aufgeführt, warum sie dafür nicht taugen. Unter anderen Aspekten kann die eine oder andere Anlage durchaus auch Vorzüge besitzen, aber sie taugt eben nicht zur Krisenabsicherung.

Tagtäglich predigen Ihnen Medien und Politiker, dass Sie für Ihr Alter vorsorgen sollen. Warum? Weil man seit einiger Zeit die Katze aus dem Sack gelassen hat: Die gesetzliche Rentenversicherung reicht bei Weitem nicht mehr aus, damit Sie im Alter Ihren Lebensstandard halten können.

Mit sogenannten geförderten, »privaten Altersvorsorgeprodukten« will der Staat verhindern, dass Millionen Menschen später in die Altersarmut abrutschen und auf die Grundsicherung (ich sage dazu: Sozialhilfe für Rentner) angewiesen sind.

Doch die herkömmlichen Vorsorgemaßnahmen erscheinen mir nicht mehr sinnvoll. Ich habe die traditionellen Anlagen für Sie einmal **nur** unter dem Gesichtspunkt **Krisenschutz** geprüft und in einer Art Checkliste kurz und prägnant aufgeführt, warum sie dafür nicht taugen. Unter anderen Aspekten kann die eine oder andere Anlage durchaus auch Vorzüge besitzen, aber sie taugt eben nicht zur Krisenabsicherung.

3.1 Krisen-Unsinn Kapitallebensversicherung

- Der Garantiezins fällt und fällt (zum Vergleich im Jahr 2000: 4 %; 2015: 1,25 %). Der Garantiezins, im Versicherungsdeutsch auch Höchstrechnungszins genannt, ist diejenige Verzinsung, die der Versicherer aufgrund von gesetzlichen Vorgaben mindestens bieten muss.

- Was viele nicht wissen: Nur der Sparanteil wird verzinst: Von 100 Euro monatlichem Versicherungsbeitrag gilt der Garantiezins nach Abzug von Vermittlerprovisionen, Verwaltungs- und Risikokosten, oft nur für 75 bis 85 Euro.

- **2016 sollte der Garantiezins ganz wegfallen, aber er bleibt jetzt doch bei 1,25%.**

- Abzüge bei der Auszahlung (nicht begünstigte Verträge): Abgeltungssteuer von 25 %, Solidaritätszuschlag von rund 1,38 %, die Kirchensteuer (bei 8 %) von rund 1,96 %; Gesamtverlust durch Steuer: 28,34 %.

- Auszahlfrist für alle Verträge ab 2012: Erst ab dem 62. Lebensjahr.

- Die Auffanggesellschaft Protektor – also die Schutzeinrichtung für Versicherungen – gibt zwar eine relative Sicherheit bei der Pleite eines Versicherungsunternehmens. Gehen jedoch mehrere Versicherer zeitgleich in die Insolvenz, ist die Auffanggesellschaft schnell überfordert. Protektor kann die

Auszahlungen zudem um 5 % kürzen und ein temporäres Kündigungsverbot verhängen, was bedeuten würde, dass Kunden ihre Policen dann nicht einmal mehr zum Rückkaufswert in Bargeld umwandeln könnten.

- Versicherungen sind kein Sachwert.
- Versicherungen sind zudem nicht resistent gegen eine Währungsreform.

3.2 Krisen-Unsinn fondsgebundene Lebensversicherung

Zusätzlich zu den oben angeführten Punkten:

- Die Beiträge zu solchen Versicherungen sind nicht steuerlich absetzbar.
- Keine sichere Auszahlung, da die Ablaufleistung an die Entwicklung der Fonds, in die der Sparanteil der Versicherung investiert wird, gekoppelt ist und damit vom Geschehen auf den Finanzmärkten abhängt.
- Die Auswahl der Fonds ist entscheidend über den Kapitaleinsatzerfolg.
- Bei manchen Versicherern ist die Auswahl der Fonds beschränkt.
- Zum Teil hohe Kosten: Ausgabeaufschlag (je nach Anbieter 2 % bis 5 %).
- Bei »No-Load-Funds« (Fonds ohne Ausgabeaufschlag) oft höhere Verwaltungsgebühren.
- Andere Kosten: Transaktionskosten, Managementgebühr, Verwaltungsgebühr, Depotbankvergütung.
- Feste Laufzeit.
- Der Todesfallschutz (Risikoanteil) reduziert die Auszahlungssumme.
- Eine Gesundheitsprüfung ist erforderlich.
- Beispielrechnungen zur Ablaufleistung sind noch schwieriger als bei der Kapitallebensversicherung, da die Volatilität (der Schwankungsbereich von Kursen während eines bestimmten Zeitraums) nicht vorhersehbar ist.
- Auch eine solche Versicherung ist kein Sachwert.
- Auch eine solche Versicherung ist nicht resistent gegen eine Währungsreform.

3.3 Krisen-Unsinn betriebliche Direktversicherung

Zusätzlich zu den oben angeführten Punkten:

- Kapitalauszahlungen sind in der Krankenversicherung und Pflegeversicherung als Versorgungsbezug voll beitragspflichtig. Sie müssen zehn Jahre lang monatlich an die Krankenkasse abgeführt werden und werden so errechnet: Beitragssatz Krankenversicherung + Pflegeversicherung (Auszahlsumme wird durch 120 geteilt und davon die Beiträge berechnet, das nennt sich 120er-Regel).

- Diese Pflicht gilt in bestimmten Fällen selbst für Beiträge, die nach einem Ausscheiden beim Arbeitgeber privat weiter in die Versicherung eingezahlt wurden und damit aus Nettoeinkommen nach Abzug von Steuern und Sozialversicherungen stammen. Zudem ist es egal, ob die Beiträge zur Direktversicherung aus Arbeitslohn geleistet wurden, der über der Beitragsbemessungsgrenze liegt und damit der Sozialversicherungspflicht gar nicht unterliegt.

- Auch wenn der Empfänger der Kapitalauszahlung zum Zeitpunkt der Auszahlung schon den Höchstbeitrag an die Krankenkasse zahlt, gilt die Beitragspflicht in der gesetzlichen Krankenkasse.

- *Privat* Krankenversicherte sind von der 120er-Regel ausgenommen.

- Auch hier: Eine solche Versicherung ist kein Sachwert.

- Ebenfalls ist eine solche Police nicht resistent gegen eine mögliche Währungsreform.

3.4 Krisen-Unsinn private Rentenversicherung

Zusätzlich zu den oben genannten Punkten (Lebensversicherung):

- Lange Vertragslaufzeiten.

- Die jährlichen Kosten reduzieren auch ohne Absicherung des Todesfallrisikos die Rendite um bis zu 2 % pro Jahr.

- Die Abschlusskosten sind hoch (oft rund 4 % der Beitragssumme, die in der Regel in den ersten fünf Jahren zu bezahlen sind, egal ob der Vertrag bis zum Ende erfüllt wird).
- Eine Rentenversicherung ist unflexibel.
- Bei Fondspolicen besteht das Risiko von Kursverlusten.
- Rentenversicherungen sind intransparent.
- Rentenversicherungen bieten keinen Inflationsschutz.
- Auch Rentenversicherungen sind kein Sachwert.
- Solche Policen würden einer Währungsreform ebenfalls nicht standhalten.

3.5 Krisen-Unsinn Riester-Produkte

Zusätzlich zu den oben genannte Punkten (Lebensversicherung):

- Versteuerung im Rentenalter (nachgelagerte Besteuerung).
- Die Altersvorsorgezulage geht nicht direkt an den Beitragszahler.
- Die Altersvorsorgezulage muss beantragt werden.
- Wurde ein Zulagenantrag versäumt, verfällt der Anspruch auf die Zulage nach vier Jahren.
- Renten dürfen frühestens ab dem 60. Lebensjahr in Anspruch genommen werden.
- Die Zulagen und die Steuervorteile müssen zurückgezahlt werden, wenn der Vertrag vorzeitig gekündigt wird, wenn der Anspruchsberechtigte vor Rentenbeginn verstirbt (*nur* der Ehepartner kann das Vertragsguthaben übernehmen, wenn auch er einen Riester-Vertrag abgeschlossen hat) oder wenn das durch »Wohn-Riester« geförderte Wohneigentum nicht selbstgenutzt bzw. verkauft wird.
- Riester-Gesetze sind kompliziert.
- Hohe Kosten: Bei manchen Anbietern liegen die Gebühren sogar über den staatlichen Zulagen.
- Häufig ist die Förderung kein Geschenk des Staates, sondern dient nur dazu, eine doppelte Besteuerung zu verringern (z. B. bei Doppelverdiener-Ehepaaren).

- Auch Riester-Verträge sind kein Sachwert.
- Nicht Währungsreform-resistent.

3.6 Krisen-Unsinn Bausparverträge

- Ungeeignet bei kurzfristigem Immobilienwunsch.
- Evtl. hohe finanzielle Belastung, weil die Bausparkasse ihre Darlehensnehmer zwingt, den Kredit innerhalb kürzester Zeit zu tilgen.
- Geringe Guthabenzinsen in der Ansparphase.
- Unübersichtlichkeit bei Bauspartarifen. Relativ lange Ansparzeit (in der Regel sieben bis zehn Jahre).
- Kündigungsfrist drei bis sechs Monate.
- Der Zuteilungszeitpunkt ist nicht garantiert, was zu langen Wartezeiten führen kann.
- Manchmal werden zusätzliche Kontoführungsgebühren erhoben.
- Die Abschlussgebühr beläuft sich auf 1 % bis 1,6 % der Bausparsumme (Sparanteil + späteres Darlehen).
- Bausparverträge sind kein Sachwert.
- Bausparverträge halten einer Währungsreform nicht stand.

3.7 Krisen-Unsinn Private-Equity- und Hedgefonds

Der Unterschied zwischen den beiden Fondstypen: »*Während Private Equity Investments im Kern darauf ausgerichtet sind, Kapital (...) in den unternehmerischen Wertschöpfungsprozess einzubringen und so Werte zu schaffen, beschäftigen sich Hedgefonds mit Spekulationen um das Schwanken von Angebot und Nachfrage ...*[42]

- Als Direktinvestment gewöhnlich nur für sehr vermögende Privatkunden oder institutionelle Anleger offen.

- Diese Fonds sind oft nicht transparent.
- Diese Fonds bringen ein hohes Risiko mit sich.
- Ein Teil- oder Totalverlust ist möglich.
- Diese Fonds sind illiquide: Fondsanteile können nur zu bestimmten Zeitpunkten verkauft werden.
- Dabei gibt es keine oder nur eine eingeschränkte staatliche Kontrolle und entsprechend keine Anlagerestriktionen.
- Diese Fonds unterliegen nur sehr begrenzten gesetzlichen Publikationsvorschriften.
- Die Managementgebühren liegen zwischen 1,5 % und 2 % (Hedgefonds) und bei bis zu 6 % (Private-Equity-Fonds).
- Der Anlageerfolg hängt *hauptsächlich* vom Geschick der Fondsmanager ab.
- Investitionen in Schwellenländer sind mit einem höheren Risiko behaftet, da diese häufig günstiger bewertet und deren Börsen zudem weniger reguliert sind.[43]
- Solche Fonds sind nur bedingt resistent gegen eine Währungsreform.

3.8 Krisen-Unsinn Derivate und Optionsscheine

Derivate, zu denen neben Zertifikaten auch Optionsscheine gehören, sind abgeleitete Wertpapiere. Das Anlageergebnis hängt ab von der Kursentwicklung eines sogenannten Basiswerts (z. B. einer Aktie, einem Index, einem Rohstoff oder einem Edelmetall). Je nach Art des Derivats wird diese Kursentwicklung auf irgendeine Weise umgerechnet. Bei Optionsscheinen wird sie gehebelt, das heißt, die Gewinne und Verluste aus Optionsscheinen sind um ein Vielfaches höher als die des Basiswertes.

- Derivate sind nichts für Anfänger.
- Der Derivatemarkt ist unübersichtlich.
- Privatanleger haben keinen Zugang zu bestimmten Instrumenten.
- Bei Derivaten gibt es nur eingeschränkte Vergleichsmöglichkeiten.
- Die spekulativeren Derivate sind regelrechte Wetten auf eine Kursent-

wicklung und mit hohem Risiko behaftet.

- Derivate unterliegen dem Emittenten-Risiko: Kann der Emittent (Herausgeber eines Derivats) nicht zahlen, dann ist das Papier wertlos.
- Eine korrekte Einschätzung des Basiswertes und Prognose zur Kursentwicklung ist sehr schwierig.
- Komplexitätsrisiko: Manche Derivate sind extrem schwer durchschaubar.
- Es können viele versteckte Gebühren enthalten sein, die niemand nachrechnen kann (bis zu 10 %).[44]
- Hohe Verluste sind möglich.
- Optionsscheine können wertlos verfallen, wenn die Kursentwicklung des Basiswerts zum Fälligkeitstermin nicht dem entspricht, was der Anleger bei Kauf des jeweiligen Optionsscheins angenommen hat.
- Hohe Kosten der Absicherung (bei Optionsscheinen).
- Ein Totalverlust ist bei vielen Derivaten möglich (z. B. bei Knock-out-Zertifikaten und Optionsscheinen).
- Es ist nicht bekannt, was am Fälligkeitstermin zurückfließt.
- Derivate sind kein Sachwert.
- Derivate halten einer Währungsreform nicht stand.

3.9 Krisen-Unsinn Euro-Staatsanleihen

Staatsanleihen (Bonds) sind sozusagen gestückelte Kredite, die ein Staat aufnimmt, indem er sie an den Kapitalmärkten verkauft. Wenn diese von einem Land der Europäischen Währungsunion emittiert werden und auf Euro lauten, spricht man von Euro-Staatsanleihen (Euro-Bonds).

- Es bestehen Kursrisiken (wenn Anleihen an der Börse gehandelt werden).
- Euro-Staatsanleihen haben derzeit eine extrem niedrige Rendite (häufig unter der Inflationsquote).
- Euro-Staatsanleihen unterliegen dem Emittenten-Risiko (Staaten können pleitegehen).
- Risiken ergeben sich auch bei Konjunkturabschwächungen und Staatsverschuldungen.

- Euro-Staatsanleihen sind von Ratings abhängig. Ein Rating ist die Einstufung der Zahlungsfähigkeit, die meist eine eigens darauf spezialisierte Rating-Agentur bei den Anleihe-Emittenten vornimmt. Je schlechter die Bewertung, desto höher ist zwar der Zinscoupon einer Anleihe, aber desto höher ist auch das Risiko.
- Das Ausfallrisiko wird von der Bank auf den Anleger abgewälzt.
- Anleihen sind kein Sachwert.
- Anleihen sind nicht resistent gegen eine Währungsreform.

3.10 Krisen-Unsinn Tagesgeld

- Die Zinsen sind sehr gering (nach Abzug der Inflationsrate verbleiben oft Negativzinsen).
- Die Zinsen schwanken je nach Marktlage.
- Tagesgeld bietet meist keinen Inflationsschutz.
- Lockzinsangebote für Neukunden gelten oft nur für einen bestimmten Zeitraum.
- Außereuropäische Banken: Einlagensicherung manchmal auf nur 20.000 Euro begrenzt.
- Bei attraktiven Zinsen gibt es oft eine Anlageobergrenze.
- Die Zinsen von Tagesgeldkonten unterliegen der Abgeltungssteuerpflicht, sofern oberhalb des Sparerpauschbetrags.
- Konditionen und Bedingungen können pro Bank unterschiedlich sein.
- Es besteht kein Zugriff aufs Tagesgeld, wenn die betreffende Bank geschlossen ist.
- Tagesgelder sind kein Sachwert.
- Tagesgelder sind nicht resistent gegen eine Währungsreform.

3.11 Krisen-Unsinn Sparbuch

- Sparzinsen unterliegen der Abgeltungssteuer, sofern oberhalb des Sparerpauschbetrags.
- Sparkonten sind nicht für den Zahlungsverkehr bestimmt, daher lassen sich von dort aus keine Überweisungen oder Lastschriften vornehmen.
- Geldbewegungen auf andere Konten sind nicht möglich.
- Sparkonten bringen nur geringe Zinsen.
- Bei den meisten Sparkonten werden die Zinsen nur einmal jährlich gutgeschrieben.
- Sparkonten bieten keinen Inflationsschutz.
- Jeder Besitzer des Sparbuchs kann Geld abheben.
- Die Kündigungsfrist beträgt drei Monate.
- Es besteht kein Zugriff auf Geld, wenn die Bank geschlossen ist.
- Sparkonten sind kein Sachwert.
- Auch Sparkonten sind nicht resistent gegen eine Währungsreform.

3.12 Der Renditenschock

Sicherlich glauben Sie, dass die von mir aufgeführten traditionellen Vermögensanlagen eine irgendwie geartete Rendite abwerfen. Zwar sind Sie sich in den Zeiten der Niedrigzinsen bewusst, dass diese nicht sehr hoch sein kann, aber halten Sie sich trotzdem fest oder trinken erst mal einen Kaffee, bevor Sie sich mit dieser Nachricht befassen:

Die **Nettorenditen** dieser Anlagen sind mit Abgeltungssteuer, Einkommenssteuer, Kirchensteuer, Solidaritätszuschlag und der durchschnittlichen Inflation (der letzten 50 Jahre) so niedrig, dass Sie sich bestimmt die Augen reiben werden:

Bausparverträge:	1,6 % bis -0,9 %
Sparbücher/Festgeldanlagen:	1,6 % bis +0,2 %
Staatsanleihen:	1,6 % bis +0,2 %
Lebens-/Rentenversicherungen:	1,6 % bis +0,5 %
Riester-Renten:	-1,6 % bis +0,5 %

➔ Die meisten traditionellen Vermögensanlagen dienen dem Kapitalabbau, also noch nicht einmal dem Vermögensschutz!

Nicht umsonst lesen Sie diese Studie. Ich zeige Ihnen, wie Sie Ihr Vermögen und Ihre Ersparnisse krisensicher anlegen und Kapitalerhalt praktizieren. Doch zunächst zu einem anderen wichtigen Thema.

4. Vermögensvernichtung durch Inflation

Das Statistische Bundesamt veröffentlicht jeden Monat die aktuelle Inflationsrate. Doch Vorsicht: Die Preise steigen viel stärker, als Ihnen die offizielle Statistik weismachen will. Beim Einkaufen und im Alltag »fühlen« Sie sicherlich eine viel höhere Inflationsrate als die, die Ihnen vorgesetzt wird. Doch wie passt das zusammen?

Ich möchte etwas ausführlicher auf die »Inflation« eingehen, da sich um dieses Thema viele Mythen und Halbwahrheiten ranken. Für Sie als Sicherheitsmensch ist es jedoch unabdingbar, profundes Hintergrundwissen darüber zu bekommen.

4.1 Was ist Inflation?

Ein eisernes ökonomisches Gesetz sagt, dass Inflation entsteht, wenn die Geldmenge schneller wächst als die Gütermenge. Ganz einfach ausgedrückt könnte man sagen, dass Inflation dann entsteht, wenn es zu viel Geld und nicht genügend Waren gibt. Dann nämlich treibt die Nachfrage die Preise. Auch höhere Lohnabschlüsse tragen zur Inflationsdynamik bei.

In der Volkswirtschaft bezeichnet man Inflation als einen anhaltenden Anstieg des allgemeinen Preisniveaus. In Deutschland ermittelt das Statistische Bundesamt einmal im Monat die Inflationsrate über einen Warenkorb, der verschiedene Ausgaben eines durchschnittlichen Haushaltes in Deutschland repräsentieren soll (wie auch hier im wahrsten Sinne des Wortes »getrickst« wird, erfahren Sie weiter unten).

➔ Die veröffentlichte Inflationsrate entspricht also der Preissteigerung in einem Monat gegenüber dem Vergleichsmonat im Vorjahr.

Damit die Inflation ihre Wirkung entfalten kann, muss sie *nicht* zwangsweise hoch sein, auch lang anhaltende, kleine Inflationsraten führen zu großen Effekten. Dazu ebenfalls später mehr.

Merke:

Durch die Inflation verliert Ihr Geld an Wert, da Sie sich für die gleiche Summe immer weniger kaufen können.

Sie hören und sehen das fast täglich in den Wirtschaftsnachrichten: Die Inflation ist so niedrig wie seit vielen Jahren nicht mehr.

Folgender Chart zeigt die Inflationsentwicklung in Deutschland zwischen 1951 und 2015:

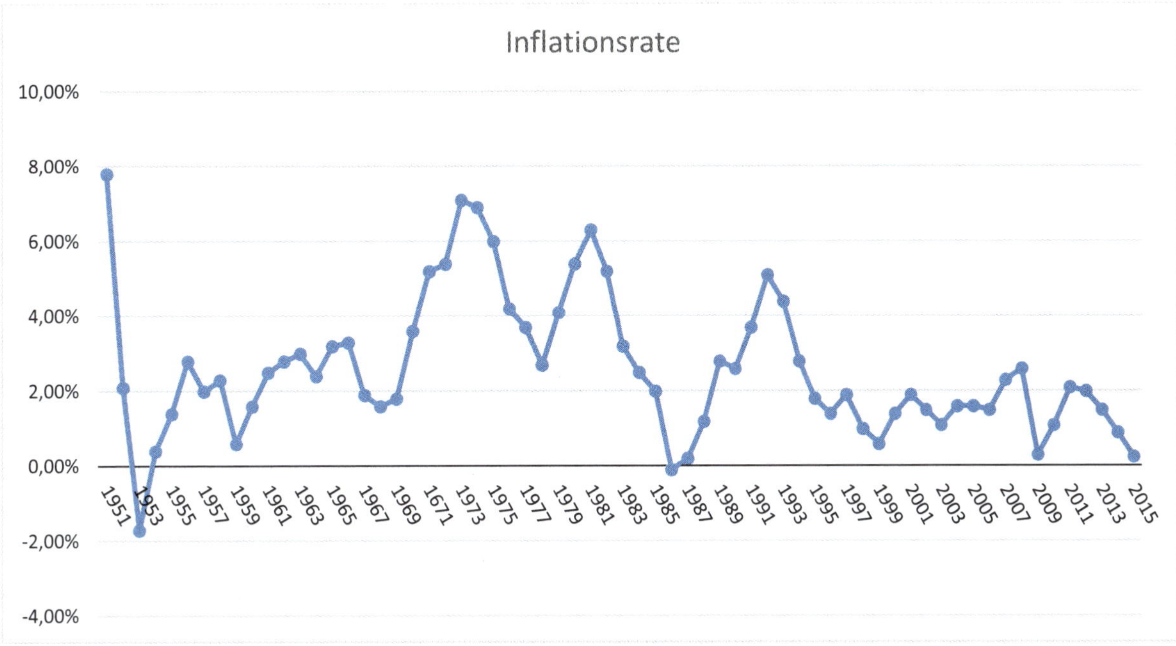

In 65 Jahren betrug die durchschnittliche Inflation demnach 2,6 %.

Dennoch sind die offiziellen Zahlen mit Vorsicht zu genießen. Warum das so ist, erkläre ich Ihnen jetzt.

➔ Sie erkennen daran, dass die Geldentwertung auf längere Sicht ein Thema ist!

4.2 Inflation: So werden Sie ausgetrickst!

Wie oben bereits erwähnt, veröffentlicht das Statistische Bundesamt jeden Monat die aktuelle Inflationsrate. Doch Vorsicht: Die Preise steigen viel stärker, als Ihnen die offizielle Statistik weismachen will.

Beim Einkaufen und im Alltag »fühlen« Sie sicherlich eine viel höhere Inflationsrate als die, die Ihnen vorgesetzt wird. Doch wie passt das zusammen?

Die Geldmenge M1 (bestehend aus Bargeld und Sichteinlagen, also Geld auf Giro- und Tagesgeldkonten) ist seit einem Jahr um über 11 % gestiegen. Anders herum gesagt: Es ist ein Zehntel mehr Geld im Umlauf als noch vor zwölf Monaten. Dennoch wird die offizielle Inflationsrate immer niedriger. Wie kann das sein? Sie haben doch gelernt, dass Inflation dadurch entsteht, dass die Geldmenge schneller wächst als die Güterproduktion.

Die Erklärung ist ganz einfach: Das Statistische Bundesamt (Destatis) hat einige Tricks auf Lager, um die Inflationsrate zu senken.

Die Erhebungsdaten: Die staatlichen Statistiker betrachten die monatliche Teuerung anhand der Konsumentenpreise. Dazu dient ein Warenkorb. Dieser beinhaltet kurz- und langlebige Güter. Dazu kommen neben Nahrungsmittel, Tabak, Benzin, Mieten, Möbel, Freizeit und Unterhaltung auch Mobilität und Haushaltsgeräte, eben alles, was Konsumenten so kaufen.

Die Tricks: Die Zusammensetzung des Warenkorbs wird laufend verändert. Ein fairer Vergleich ist auf diese Weise gar nicht mehr möglich.

Sie als Verbraucher werden sich beinahe täglich Lebensmittel kaufen, aber der Durchschnittsbürger erwirbt einen Fernseher, Computer oder ein Auto – wenn überhaupt – nur alle paar Jahre.

Warenkorb

Zusammensetzung des Verbraucherpreisindex

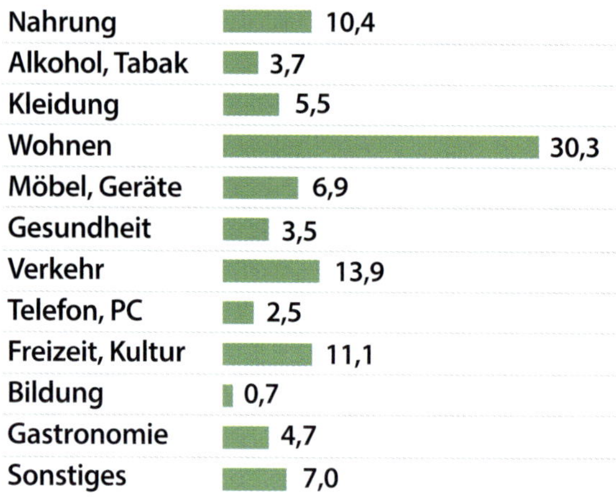

Anteile in Prozent (Währungsschema)

Quelle: Destatis

➔ *Trotzdem* werden diese langlebigen Güter zur monatlichen Inflationsberechnung herangezogen.

Natürlich nur mit einem Bruchteil ihres Anschaffungswertes, um der Tatsache Rechnung zu tragen, dass sie eben nur alle paar Jahre gekauft werden. Aber dennoch ist im monatlichen Warenkorb beispielsweise der 120. Teil eines Fernsehgerätes enthalten (unter der Annahme, dass ein solches Gerät alle zehn Jahre neu gekauft wird).

Diese Güter werden aber eher günstiger – und schwupp ist die Teuerungsrate in der Statistik niedriger als in der Praxis.

Merke:

Inflation ist kein Akt Gottes, sondern wird auch politisch gelenkt. Regierungen und Politiker scheuen eine hohe Kaufkraftentwertung wie der Teufel das Weihwasser, weil sie diese ihren Wählern nicht vermitteln können.

Inflation ist seit den 1920er-Jahren in Deutschland ein heikles Thema. Deshalb werden Zahlen statistisch geschönt. Denn niedrige Inflations- und hohe Wachstumsraten erhöhen das Vertrauen in den Staat und damit seine Kreditwürdigkeit.

Die offizielle Inflationsstatistik ergibt sich also aus einer politischen Strategie. Natürlich werden die Verantwortlichen dies immer abstreiten.

Da ist die von Ihnen beim Einkauf »gefühlte« Inflation ehrlicher. Was es mit dieser wahren Reduktion der Kaufkraft auf sich hat, erkläre ich Ihnen jetzt.

4.3 Kennen Sie die »wahre« Inflation?

Kennen Sie die »wahre« Inflation? – Nein? Das sollten Sie aber, denn es gibt einen großen Unterschied zwischen *offizieller* und *wahrer* Inflation.

Die *wahre* Inflation wird von den meisten Medien ignoriert, weil diese Zahlen politisch nicht korrekt sind. Ökonomisch jedoch sind Sie sehr wichtig, denn Sie zeigen Ihnen die wirkliche Entwertung Ihres Vermögens und Ihrer Ersparnisse.

Info

Volkswirtschaftlich exakt errechnet man die »**wahre Inflation**« so:

Geldmengenwachstum (M3) ÷ Wirtschaftsleistung = wahre Inflation

Begründung: Wenn eine Wirtschaft aufblüht, wachsen auch Dienstleistungen und die Warenproduktion. Würde dann die Geldmenge auf der anderen Seite nicht wachsen, müssten all die neuen Leistungen und Produkte mit derselben Menge Geldes bezahlt werden, was die Preise immer weiter sinken ließe und zu einer Deflation führen würde, also zu fallenden Preisen und einer Aufwertung des Geldes. Das aber wäre volkswirtschaftlich eine Katastrophe, weil niemand mehr kauft, wenn er erwartet, dass seine Wunschgüter morgen noch billiger sein werden als heute. Aus diesem Grund tut die Politik alles, um Deflation zu vermeiden.

Nach den offiziellen Zahlen der Monatsberichte von EZB und Bundesbank ergeben sich folgende Werte für die **wahre** Inflation zwischen den Jahren 2003 und 2015. **Diese haben Sie bestimmt noch nie in den Mainstreammedien gelesen oder gesehen.**

Die wahre Inflation in der EU:

2003:	7,1 %
2004:	4,9 %
2005:	6,7 %
2006:	6,6 %
2007:	8,7 %
2008:	8,1 %
2009:	12,5 %
2010:	-1,5 %
2011:	0,7 %
2012:	3,6 %
2013:	2,9 %
2014:	1,8 %
2015:	3,2 %[45]

➔ Die wahre Inflation in den letzten 13 Jahren betrug also 5,02 %!

Das bedeutet für Sie: Lassen Sie sich von den Medien, der Politik und »politisch korrekten« Ökonomen nicht an der Nase herumführen. Die Situation ist viel schlimmer, als öffentlich propagiert wird. Allein ein aufmerksamer Blick auf die Preise beim Einkauf im Supermarkt zeigt das: Bohnenkaffee ist fast 20 % teurer als letztes Jahr, Schokolade 15 % und Schnittblumen 13 %.

Doch damit nicht genug. Ich rate Ihnen, sich jetzt erst noch einmal einen Kaffee zu holen und sich hinzusetzen. Denn jetzt erläutere ich Ihnen ungeschönt und ehrlich, was die Inflation mit Ihrem Vermögen macht.

4.4 Wie die Inflation Ihr Vermögen auffrisst

▶ Beispiel 1: So viel Wert haben künftig 100 Euro (bei leichter Inflation)

Nach Jahren	Inflation jährlich 2 %	3 %
1	98,00	97,00
5	90,39	85,87
10	81,71	73,74
15	73,86	63,33
20	66,76	54,38
25	60,35	46,70
30	54,55	40,10[46]

Sie erkennen an diesen beiden wirklich *moderaten* Inflationsraten, dass nach 30 Jahren die Hälfte bzw. 60 % der Kaufkraft weg ist – einfach so!

Rechnet man die *wahre* Inflationsrate von z. B. 6 %, sieht es für jede 100 Euro Ihres Vermögens noch viel schlimmer aus:

▶ Beispiel 2: So viel Wert haben künftig 100 Euro (bei der wahren Inflation)

Nach Jahren	Inflation jährlich 6 %
10	55,84
20	31,18
30	17,41[47]

Das spricht wohl für sich.

▶ Beispiel 3: Schleichende Inflation

Legen Sie 100.000 Euro unverzinst auf ein Bankkonto, sinkt deren Wert bei 2 % Inflation pro Jahr nach 25 Jahren auf rund 60.900 Euro. Fast 40 % des Vermögens fallen der schleichenden Inflation zum Opfer. Nach 50 Jahren sinkt das Vermögen auf nur noch rund 37.100 Euro – 63 % sind weg!

Sie sehen also, auch eine moderate Inflation »killt« Ihr Vermögen.

▶ Beispiel 4: Kaufkraftverlust nach 10, nach 20 und nach 35 Jahren

Heute	Nach 10 J.	20 J.	35 J.
500 Euro	409 Euro	334 Euro	246 Euro
1.000 Euro	817 Euro	668 Euro	493 Euro
1.500 Euro	1.226 Euro	1.001 Euro	740 Euro[48]

Mein Rat: Rechnen Sie diese Kaufkraftverluste *unbedingt* in Ihre Finanzplanung mit ein. Die meisten Finanzberater tun das nämlich nicht.

▶ Beispiel 5: Eigenes Haus

Sie erben ein Haus im Wert von 200.000 Euro. Nach einem Jahr sind Sie jedoch aus finanziellen Gründen dazu gezwungen, das Haus wieder zu verkaufen. Während der Zeit, als Sie das Haus besaßen, kam es zu einer Inflation in Höhe von 25 % (die Preise aller Güter und Dienstleistungen stiegen um 25 %). Ein Jahr nach Erwerb verkaufen Sie das Haus für 246.000 Euro. Das sind 23 % mehr als zu dem Zeitpunkt, als Sie es gekauft haben.

Sie glauben jetzt wohl, ein gutes Geschäft gemacht zu haben? – Nominal gerechnet ja, aber real (korrigiert um die Inflationsrate) nicht, denn auch die Kaufkraft des Geldes ist in der gleichen Zeit gesunken. Die Differenz zwischen der Inflationsrate (25 %) und dem Mehrwert beim Verkauf (23 %) beträgt 2 %. Sie haben also in diesem Fall einen realen Verlust von 2 % erlitten.

▶ Beispiel 6: Preise

Bei 3 % Inflation müssen Sie in 30 Jahren für Waren, die heute 1 Euro kosten, bereits 2,43 Euro ausgeben.

Mein Rat: Beherzigen Sie auch dies bei der Beurteilung Ihrer Vermögensanlagen, Ihrer künftigen Sparleistungen oder Ihrer Schuldenaufnahme.

▶ Beispiel 7: Vermögen

Haben Sie bei 3 % Inflation in 30 Jahren 250.000 Euro für den Ruhestand angespart, hätten diese dann nur noch die Kaufkraft von rund 150.000 Euro.

Das bedeutet für Sie: Die Inflation frisst langsam, aber sicher Ihre Altersvorsorge auf. Setzen Sie deshalb auf inflationssichere Anlagen, wie ich sie im Kapitel »Ihr individuelles Krisenmanagement« beschreibe.

▶ Beispiel 8: Euro-Abwertung

Nach offiziellen Statistiken hat die europäische Gemeinschaftswährung seit ihrer

Einführung rund ein Viertel ihrer Kaufkraft eingebüßt.

Das heißt für Sie: Konnten Sie im Jahr 2002 für 100 Euro Waren im Wert von 100 Euro kaufen, bekommen Sie heute dafür nur noch Güter im Wert von 75 Euro.

➔ Mit der Inflation ist also nicht zu spaßen! Rechnen Sie diese immer mit ein. Nur so können Sie ein wirklich realistisches Bild Ihrer Finanzsituation erhalten.

4.5 Warum die Inflation aktuell nicht höher ist

»Warum ist die Inflation aktuell trotz Niedrigzinsen und extrem lockerer Geldpolitik der Europäischen Zentralbank nicht höher?« Diese Frage stellen mir meine Leser immer wieder. Die Inflationsgefahr ist zwar da, doch versuchen die Europäische Zentralbank (EZB) und die Deutsche Bundesbank alles, um die Inflation niedrig zu halten.

Als wir noch die gute alte D-Mark hatten, war der Bargeldumlauf auf lange Sicht in ähnlichen Ausmaßen gewachsen wie das Bruttoinlandsprodukt (BIP) – das ist die Summe der in Geld bewerteten Waren und Dienstleistungen, die eine Volkswirtschaft in einem Jahr erwirtschaftet. Dieses Gleichgewicht schaffte die Stabilität der D-Mark-Währung und ihren Werterhalt.

Seit Einführung des Euro hat sich dies grundlegend geändert. Es wird mehr Geld »gedruckt«, als es die Wirtschaftsleistungen der einzelnen Länder hergeben. Ein Gleichgewicht zwischen Geldmenge und Güterproduktion ist nicht mehr gegeben.

Betrug die Geldmenge[49] bei der Einführung der europäischen Gemeinschaftswährung noch 5,8 Billionen Euro innerhalb der Europäischen Währungsunion, beläuft sie sich jetzt auf das Doppelte.[50] Aber dieser gewaltigen Geldmengenausdehnung steht kein für die Stabilität notwendiges Wachstum der Wirtschaftsleistungen entgegen.

Warum aber haben wir dann nicht eine viel höhere Kaufkraftentwertung (abgesehen von der Differenz zwischen *offizieller* und *wahrer* Inflation)?

Der Grund ist einfach: Solange das Geld nicht im Wirtschaftskreislauf ankommt, steigt zwar das Inflationsrisiko, nicht aber die Inflationsrate. Die Teuerungsrate hält sich daher aktuell (noch!) in Grenzen.

➔ Das Zuviel an Geld hängt bei den Geschäftsbanken fest.

Theoretisch könnten die Geschäftsbanken mehr als das 100-Fache ihrer Guthaben als Kredite vergeben. Tatsächlich aber beträgt die Quote nur das Sechsfache. In »normalen« Zeiten war das bisher das Zehnfache.

Das Geld kommt in Form von Krediten demnach nicht in der Realwirtschaft an. Die Banken selbst sind unterkapitalisiert. Jedes Darlehen, das sie vergeben, müssen sie mit zusätzlichem Eigenkapital unterlegen. Die Basel-II- und III-Vorschriften sehen zudem vor, dass auch bei bereits vergebenen Krediten mehr Eigenkapital bereitgestellt wird. Diese Vorschriften wurden erlassen, um für größtmögliche Bankenstabilität zu sorgen.

Um sich mehr Eigenkapital zu beschaffen, müssten die börsennotierten Banken also neue Aktien herausgeben. Doch wer will diese derzeit noch kaufen? Ich jedenfalls rate dringend von Bankaktien ab! So vergeben die Banken aktuell lieber weniger Kredite und verteuern die Darlehen für Gewerbeimmobilien oder andere zyklische Branchen.

➔ Die Banken bunkern Liquidität ohne Ende. Die Inflationsblase wird so immer größer.

Die Teuerungsrate hält sich daher noch in Grenzen. Es ist also nur noch eine Frage der Zeit, bis die Inflationsblase platzt und Ihre Ersparnisse mit in den Abgrund reißt.

Meine Einschätzung: Der Norden der Euro-Zone ist gegenüber den Südländern um rund 20 % unterbewertet. Über fünf Jahre hinweg macht das einen Unterschied von jährlich 4 % Inflation aus.

Das heißt für Sie: Ihr Vermögen wird stärker entwertet als die Geldvermögen in den EU-Südländern.

Natürlich kommt es diesen Südländern sehr gelegen, dass die EZB immer mehr frisches Geld in Umlauf bringt, denn so werden ihre Staatsschulden per Inflation entwertet.

Doch das, was de facto für die bankrotten Südländern eine kurze Lebensverlängerung bedeutet, ist höchst gefährlich für Sie und Ihre Ersparnisse.

Merke:

Langfristiges Sparen wird für Sie durch einen weichen Euro und eine hohe Inflationsrate immer uninteressanter.

Vergessen Sie Lebensversicherungen und Bausparverträge. Auf Ihrem Sparkonto stehen zwar die gleichen Zahlen oder durch minimale Zinsen wird sogar ein leicht anwachsendes Guthaben ausgewiesen – nur können Sie sich viel weniger dafür kaufen.

Ihr Vermögen schmilzt also schneller als ein Schneeball in der Sonne!

Was können Sie dagegen tun?

Praxis-Tipp:

- Der Euro ist durch nichts gedeckt, sondern eine reine Papierwährung. Notenbanken können von dieser Papierwährung so viel drucken, wie sie wollen, und Politiker können so viel ausgeben, wie sie möchten. Vertrauen Sie also nicht auf das europäische Papiergeld!
- Berücksichtigen Sie die Inflation bei allen Finanzgeschäften. Etwa bei Finanzierungen und auch bei der Berechnung Ihrer Rentenlücke.
- Langfristiges Sparen wird für Sie durch einen weichen Euro und eine hohe Inflationsrate immer uninteressanter.
- Machen Sie bei den Kapitalerhöhungen der Banken nicht mit. Kaufen Sie keine Bankaktien!
- Vergessen Sie Lebensversicherungen, Bausparverträge & Co.
- Setzen Sie einen Teil Ihres Vermögens auf Sachwerte, wie ich Ihnen das im Kapitel »Ihr individuelles Krisenmanagement« aufzeige.

5. Sachwert statt Geldwert

»Soll ich mein Vermögen in Sach- oder in Geldwerte anlegen?« Das ist die Frage aller Fragen und beschäftigt viele Investoren schon seit Jahrhunderten. Wer sich vor Kaufkraftverlust und Inflation schützen will, kommt um diese Frage in der Tat nicht herum, weshalb ich das Thema hier ausführlicher beleuchte.

Soll ich mein Vermögen in Sach- oder in Geldwerte anlegen? Das ist die Frage aller Fragen und beschäftigt viele Investoren schon seit Jahrhunderten. Wer sich vor Kaufkraftverlust und Inflation schützen will, kommt um diese Frage in der Tat nicht herum, weshalb ich das Thema hier ausführlicher beleuchte.

5.1 Vom schönen Schein

Leider muss ich Sie enttäuschen, denn es gibt definitiv keine für **alle** verbindlich richtige Antwort auf die Frage, ob Sach- oder Geldwerte die besseren Investments sind. Diese ist abhängig von der Situation, in der Sie sich persönlich befinden, und vom Zustand der Weltwirtschaft:

- Ist die Welt im Krisenmodus?
- Drohen Staatsbankrotte?
- Drohen Krisen oder Kriege?
- Wie ist Ihr persönlicher Zugang zu Vermögensanlagen?
- Was wollen Sie persönlich erreichen?
- Möchten Sie lieber zocken oder auf Sicherheit setzen?
- Sind Sie am Werterhalt interessiert oder an der schnellen Rendite?
- Sind Sie risikobereit oder nicht?
- Können Sie es sich leisten, einen Teil Ihrer Ersparnisse zu verlieren?
- Sind Sie gesund?
- Haben Sie einen sicheren Arbeitsplatz?
- Sind Sie verschuldet?
- Sind Sie an Nachhaltigkeit interessiert oder am schnellen Rubel?

Alle Antworten auf diese individuellen Fragen sollten Einfluss darauf haben, **wie** Sie Ihr Geld anlegen wollen.

Dennoch gibt es einige Parameter, die sich in den letzten Jahren verändert haben: Langsam, aber sicher fangen die Menschen an zu begreifen, dass es keinen *schmerzlosen* Ausweg aus den verschiedenen Krisen mehr gibt. Die EU steht politisch und ökonomisch vor der Zerreißprobe, der Euro verliert immer mehr an Wert und immer mehr Staaten stehen vor dem Schuldenchaos.

Stellen Sie sich folgendes Szenario vor: Zuerst gehen Gerüchte um: »Das Geld geht kaputt.« Viele, die noch große Mengen an Papiergeld haben, versuchen, Werthaltiges dafür zu bekommen. Immobilien in guter Lage werden händeringend gesucht. Ackerland und Wald werden immer teurer, Edelmetalle immer beliebter. **Das bedeutet für Sie:** Selbst wenn der Euro morgen nichts mehr wert ist, ein Haus bleibt ein Haus. Ein Wald steht nach einer Währungsreform noch genauso da wie zuvor. Gold bleibt Gold und Silber bleibt Silber. Deshalb tauschen die Vorsichtigen ihre Papiergeldguthaben jetzt in echte Sachwerte, die Vorausschauenden in Edelmetalle. Machen Sie das ebenfalls!

Je mehr Menschen aber aus dem Geld fliehen, desto wertloser wird es. Umso heftiger blüht der Schwarzmarkt. Die Händler und Verkäufer, die noch Papiergeld annehmen, schrauben die Preise immer höher, sie haben ja das Risiko, bald auf wertlosen Scheinen zu sitzen. Weitere Folgen: Konten werden en gros aufgelöst. Lebensversicherungen massenhaft gekündigt. Kreditzinsen steigen in den Himmel. Schlangen stehen vor den Banken. Nur wenige kommen noch an ihr Geld. Menschen werden panisch und wütend – so etwas destabilisiert das gesamte System. Die Käufer überbieten sich gegenseitig bei wertvollen Gütern. Die Preise wachsen, und zugleich besteht die Gefahr, dass das Geld vielleicht ganz wertlos werden könnte. Und genau das beschleunigt den Verfall der Währung noch viel rasanter. Ein Teufelskreis.

Eines ist jedoch heute schon sicher: Sie werden Verluste hinnehmen müssen – und zwar auf vielen verschiedenen Wegen. Die Finanz- und Regierungsbehörden haben Einblick in Ihre Konten, Ihre Geldanlagen und Ihr Immobilienvermögen. Sie holen sich alles, was sie finden, um das System am Laufen und sich selbst an der Macht zu halten. Wie Sie am Beispiel Zypern gesehen haben, schreckt man auf europäischer Ebene auch vor einem Rechtsbruch bis hin zur Enteignung nicht zurück Das alles sollte Sie äußerst nachdenklich machen.

Für Sie stellt sich also die wichtige Frage, wie Sie Ihr Vermögen retten können.

Diese Frage kann ich Ihnen beantworten: Wandeln Sie Ihre Ersparnisse und Ihr Vermögen in Werte um, die nichts mit Papieren zu tun haben. Denn alles, was auf Papieren gedruckt steht, ist ein Versprechen. Und Versprechen können gebrochen werden. Dabei ist es gleichgültig, ob es sich um Sparbücher, Geldscheine oder Lebensversicherungen handelt. Außerdem muss ein solches Papierversprechen irgendwo anerkannt, archiviert und dokumentiert sein, damit es nicht gefälscht werden kann. Es hinterlässt eine Aktenspur. Dadurch findet es aber auch der Staat. Er kann es beschlagnahmen oder für wertlos erklären – und das war's dann.

Echte Sachwerte hingegen tragen ihren Wert *in sich*.

➔ Wenn Sie auf einem untergehenden Schiff stehen, wollen Sie bestimmt keinen Bezugsschein für einen Rettungsring, sondern einen echten Rettungsring haben.

So ähnlich verhält es sich auch mit Geld- und Sachwerten.

5.2 Geld ist nichts wert

Sie haben richtig gelesen. Geld ist nichts wert, denn es wird durch die Vergabe von Krediten geschaffen, also durch Schulden. Die wundersame Geldschöpfung erfolgt durch Kreditaufnahme von Privatpersonen bei Banken, Unternehmen bei Geschäftsbanken, Geschäftsbanken bei der Zentralbank und Geschäftsbanken untereinander (Interbankenkredite).

➔ Eine Bank verleiht nur Luft, ein paar Zahlen auf dem Bildschirm.

Merke:

Jedes Mal wenn Ihr Geld bei einer anderen Bank landet, geht aus ihm ein weiterer Kredit hervor. So ist das Geld im eigentlichen Sinne nichts wert, da es sich genau genommen nur um Forderungen handelt. Scheine und Münzen sind kein Geld, sondern nur ein Symbol, das vom Staat als Zahlungsmittel garantiert wird. Nur das *Vertrauen* in den Staat legitimiert das Geld. Es ist eigentlich nur eine Ware. Nicht mehr und nicht weniger.

Dieses »Illusionsgeld«, das Sie als Buch- oder Giralgeld kennen, existiert nicht physisch, sondern nur virtuell auf Ihrem Bankkonto. Als Schecks, in Form von Überweisungen und Kreditkartenabbuchungen wandert es von Bank zu Bank. Aus der ursprünglichen Summe wird immer mehr.

Zu den Geldanlagen gehören:

- Bargeld
- Tagesgeld
- Termingeld
- Festverzinsliche Wertpapiere
- Sparbücher
- Zertifikate
- Lebens- und private Rentenversicherungen

Von der Funktion her sollte Geld (auch) als Wertaufbewahrungsmittel dienen: Im Idealfall sollten Sie mit einem bestimmten Betrag später noch die gleiche Warenmenge kaufen können. Doch wenn Preise steigen, verliert das Geld an Kaufkraft (siehe Kapitel »Vermögensvernichtung durch Inflation«). Zudem entwertet der Staat durch seine Schuldenpolitik das Geld mehr und mehr. Was Inflation und die Verteilung der europäischen Schulden vor allem auf den deutschen Steuerzahler für die Geldwertstabilität bedeuten, ist klar: Der Euro wird immer weniger wert.

Natürlich werden die Banken bis zum Schluss die Sicherheit und Wertbeständigkeit ihrer Geldanlagen beschwören. Doch in Wahrheit ticken in den Bankenbilanzen echte Zeitbomben.

5.3 Sachwert schlägt Geldwert

Sie sehen also, dass Geldanlagen eine ziemlich unsichere Sache sind. Sachwerte wie Aktien, Edelmetalle und Immobilien-Investments gewinnen hingegen an Wert, sowieso in den Krisenzeiten, wie Sie sie jetzt gerade erleben.

Zu den Sachwerten gehören:

- Aktien
- Aktienfonds
- Immobilien/Grundstücke
- Edelmetalle (Gold, Silber, Platin)
- Rohstoffe
- Industriemetalle (z. B. Eisen, Nickel, Chrom)

- Schmuck, Antiquitäten etc. (mit Einschränkungen)
- Kunst- und Sammlerobjekte (mit Einschränkungen)
- Langlebige Konsumgüter (mit Einschränkungen)

Langlebige Konsumgüter, etwa Möbel, Waschmaschinen, Autos, werden im Falle einer Währungsreform verstärkt nachgefragt, sodass die Preise entsprechend anziehen. Sie werden häufig in inflationären Zeiten gekauft, weil ein Preisanstieg befürchtet wird. Eingeschränkt sind diese also auch als Vermögensanlage zu betrachten. Natürlich kommt es bei Sachwerten auch zu Wertschwankungen. Was aber zählt, ist der langfristige Erfolg.

➔ Glauben Sie mir: Wenn der Euro zerfällt, ist es völlig gleichgültig, *welcher* Nennwert auf einer Unze Silber oder Gold steht, der Preis wird explodieren!

Dennoch liegt auch im Bereich der Sachwerte die Kunst in der Diversifikation, der gesunden Risikostreuung.

➔ Alles auf *ein* Pferd zu setzen ist falsch!

☑ Praxis-Tipp:

Bei Inflation, Staatsbankrott, Währungsreform und Bankensterben ist der bessere Werterhalt der Sachanlagen gegenüber den Geldanlagen eindeutig. Setzen Sie also verstärkt auf Sachwerte.

6. So schützen Sie Ihr Vermögen

In diesem Kapitel erläutere ich Ihnen die Vor- und Nachteile der meisten Sachwerte, die ich im vorigen Kapitel bereits angeführt habe, und weiterer Risiko- und Krisenabsicherungsinstrumente für Ihr Portfolio. So kommen Sie sicher durch die Krisen unserer Welt und können sich beruhigt schlafen legen.

In diesem Kapitel erläutere ich Ihnen die Vor- und Nachteile der meisten Sachwerte, die ich im vorigen Kapitel bereits angeführt habe, und weiterer Risiko- und Krisenabsicherungsinstrumente für Ihr Portfolio. So kommen Sie sicher durch die Krisen unserer Welt und können sich beruhigt schlafen legen.

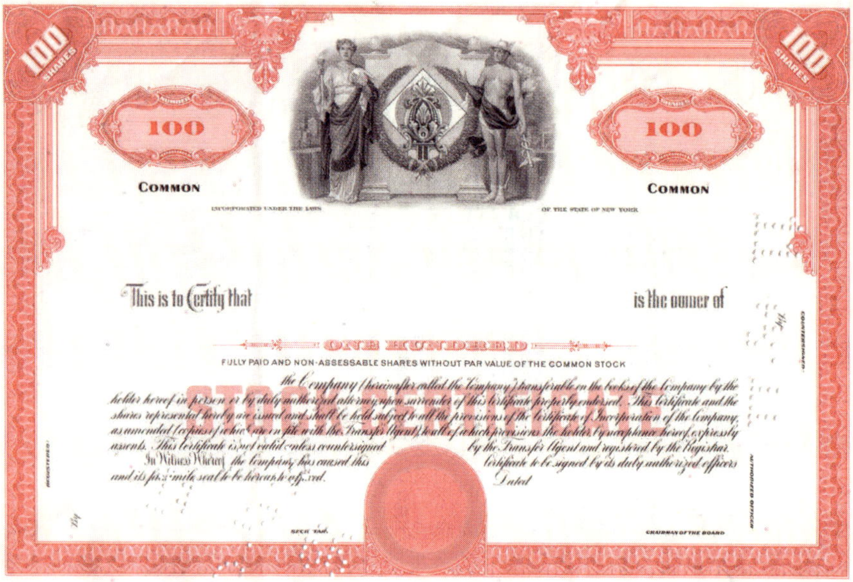

6.1 Konjunkturunabhängige Aktien

Über Aktien wird viel gesprochen. Aber was sind Aktien überhaupt? Im Börsenlexikon werden diese so definiert: *»Das Eigentum an einer Aktiengesellschaft ist in Bruchteile unterteilt, die durch Aktien verbrieft sind. Früher wurden Aktien mit einem Nennwert ausgegeben, der den nominalen Anteil am Grundkapital der Gesellschaft angab. Seit ihrer Zulassung 1998 haben sich auch in Deutschland Aktien ohne Nennwert (Stückaktien) durchgesetzt, die den Anteil am Grundkapital in Prozent angeben. Aktionäre haften in Höhe des Nennwerts der Aktien und werden durch die Zahlung von Dividenden am unternehmerischen Erfolg (Gewinn) der AG beteiligt. Im Rahmen der ordentlichen Hauptversammlung hat ein Aktionär die Möglichkeit, über die Gewinnverwendung etc. zu entscheiden. Während Stammaktien (›Stämme‹) dem Besitzer ein Stimmrecht pro Aktie zusichern, haben Vorzugsaktien (›Vorzüge‹) kein Stimmrecht, erhalten in der Regel jedoch eine etwas höhere Dividende als Stammaktien«.*[51]

Aber aufgepasst: Aktien sind nicht gleich Aktien. Man kann damit reich oder arm werden, sich aber auch gegen kommende Krisen absichern. Sicherheit sollte Ihr Ziel sein, wenn Sie nicht zu den Zockern gehören.

Praxis-Tipp:

Setzen Sie auf Aktien namhafter Großkonzerne, die weltweit agieren und sämtliche Krisen in den vergangenen Jahrzehnten gut überstanden haben. Durch die globale Aufstellung der Unternehmen reduzieren Sie das Risiko lokaler Verwerfungen. Denn mit Aktien anderer Marktregionen können Sie solche lokalen Verwerfungen abfangen.

Wenn Sie an laufenden Gewinnen beteiligt sein wollen, empfehle ich Ihnen Dividendenaktien. Bei Dividendenpapieren ist die Flexibilität sehr hoch. Dadurch lassen sich Gefahren verringern. Guten Unternehmen gelingt es auch in Krisenzeiten, Dividenden auszuschütten. Derzeit sind die Dividendenzahlungen den Zinsen weit überlegen.

Als sicherheitsorientierter Anleger sollten Sie Aktien deshalb *nicht* als kurzfristige Anlage (Spekulation!) ansehen, sondern diese mittelfristig halten. Die Mindest-Haltedauer von Aktien beträgt rund fünf bis sechs Jahre. Seien Sie in dieser Zeit entspannt und nehmen Sie die täglichen Kursveränderungen gelassen, da Sie auch noch andere Anlageklassen in Ihrem Portfolio haben. Dazu später mehr.

Weitere Vorteile von Aktien: Als Aktionär einer Aktiengesellschaft (AG) sind Sie direkt an einem Unternehmen beteiligt. Das kann insbesondere in Inflationskrisen und bei einer Währungsreform Vermögen erhalten. Mit Aktien können Sie in der Regel höhere Renditen erwirtschaften als mit einem Sparbuch, mit Tagesgeld oder mit einer Lebensversicherung. Aber Sie gehen mit dem Erwerb einer Aktie auch das Risiko von Kursschwankungen ein, die immer möglich sind. Dafür tragen die Dividenden dazu bei, dass Ihre Rendite steigt.

Praxis-Tipp:

Ich persönlich setze auf Aktien, die die Grundbedürfnisse der Menschen wie Essen und Trinken abdecken. Zudem habe ich untersucht, welche Branchen sich in den Krisen und Kriegen der vergangenen Jahrzehnte bewährt haben.

Lebensmittel und Getränke brauchen die Menschen immer. Zudem nimmt der Konsum von Tabakwaren in Krisenzeiten zu. Auch Unternehmen, die Waffen und Militärausrüstungen herstellen, kamen in der Vergangenheit gut weg – mag man moralisch und ethisch dazu stehen, wie man will.

»Mode-Aktien« aus dem Telekommunikations- oder Internetbereich hingegen sind nichts für mich als konservativen Anleger, der auf Sicherheit und Krisenschutz Wert legt. In Krisen und nach einem Crash werden die Unternehmen am ehesten wieder produzieren, die Nahrungsmittel und sonstige Güter des täglichen Bedarfs herstellen, die dann dringend gebraucht werden.

➔ Gute Unternehmen schaffen echte Werte, die sich auch in Krisenzeiten nicht in Luft auflösen. Das hat die Vergangenheit gezeigt.

6.1.1 Wie Sie Aktien mit zusätzlichem Krisenschutz erkennen

Wie ich oben schon angedeutet habe, ist Aktie nicht gleich Aktie. Eine Aktie ist nur dann ein Sachwert im engeren Sinne, wenn sie auch einen Inflationsschutz besitzt.

➔ Ein Großteil der Aktien ist jedoch nicht in der Lage, Ihr Geld vor dem Crash zu schützen!

Deshalb lege ich persönlich großen Wert auf einen **zusätzlichen** Krisenschutz. Den gibt es. Aktiengesellschaften mit speziellen Merkmalen haben in der Vergangenheit schon wenige Jahre nach einem Absturz ihre vor dem Crash erreichten Kurse wieder erklommen oder sogar überschritten. Das geschah, weil sie folgende Bedingungen erfüllten.

Checkliste: Krisenschutz für Aktien

☑ Das Unternehmen sollte inflationsbedingte Kosten schnell auf seine Kunden abwälzen können. Legen Sie bei der Auswahl von krisensicheren Aktien deshalb besonderen Wert auf starke Marken.

☑ Das Unternehmen sollte global aufgestellt sein, was regionale Krisensituationen ausgleicht. So reduzieren Sie Ihr Risiko als Anleger.

☑ Das Unternehmen sollte schon lange am Markt agieren, ein Geschäftsmodell vertreten, das sich längst bewährt hat.

☑ Das Unternehmen sollte eine breite Produktpalette anbieten und am besten die Grundbedürfnisse der Menschen abdecken (s. o.).

☑ Das Unternehmen sollte nur rund 40 % seines Cashflows reinvestieren. Dadurch bleibt ein ausreichender Puffer für Dividendenausschüttungen und Rücklagen. Das ist besonders in Inflationsphasen wichtig, in denen die Kosten explodieren können.

☑ Das Unternehmen sollte in der Vergangenheit *langfristig* Gewinne eingefahren haben.

☑ Der Aktienkurs sollte auch in der Vergangenheit langfristig steigende Tendenzen gezeigt haben.

☑ Das Unternehmen sollte eine niedrige oder gar keine Verschuldung aufweisen.

☑ Das Unternehmen sollte einen Eigenkapitalpuffer von mindestens 30 % besitzen.

☑ Das Unternehmen sollte unabhängig von Banken sein, sprich auch mit Blick auf die Zukunft so wenig wie möglich Fremdkapital (Kredite) benötigen.

Aktien von Gesellschaften mit diesen Merkmalen bieten einen bestmöglichsten Krisenschutz. Aber auch hier gilt: Es gibt keine Garantien. Sie können lediglich das Risiko minimieren.

➔ Sehen Sie Sachwert-Aktien aber auf jeden Fall als Langfristanlage und als Vermögensschutz für die Zeiten nach dem Crash an.

6.1.2 Pro und Kontra Investmentfonds

Allein zu diesem Thema könnte man ein ganzes Buch füllen, da es Tausende verschiedener offener und geschlossener Fonds gibt. An dieser Stelle möchte ich mich allerdings nur sehr *allgemein* zu den Vor- und Nachteilen von Fonds äußern:

Pro:

- Breite Streuung des Risikos (dass alle im Fonds enthaltenen Unternehmen pleitegehen ist unwahrscheinlich).
- Cost-Average-Effekt (Durchschnittskosteneffekt bei Sparplänen). Er besagt, dass derjenige seine Fondsanteile zu einem durchschnittlich günstigen Preis erhält, der sie regelmäßig immer zum gleichen Betrag einkauft. Denn bei hohen Kursen werden wenige, bei niedrigen Kursen wenig Anteile gekauft. Wie stark dieser Effekt sich tatsächlich auswirkt, ist allerdings umstritten.
- Bessere Rendite als viele herkömmliche Anlagen.
- Gute Liquidität: börsentäglicher Handel möglich (Kursverlauf beachten).
- Geringe Kosten bei Indexfonds (da kein aktives Management).
- Fonds kann man zu einem fixen Betrag kaufen (ab 50 Euro monatlich).

- Einmalanlagen möglich.
- Sparpläne möglich.
- Bei Sparplänen können die Sparraten jederzeit geändert werden.
- Zudem ist bei Sparplänen eine jederzeitige Kündigung möglich.
- Freie Entscheidung über die Risiken.
- Strenge staatliche Regulierung (Vorteil für Sicherheitsbedürftige).
- Viele Aktienfonds eignen sich zur Inanspruchnahme vermögenswirksamer Leistungen.

Kontra:

- Totalverlustrisiko (bei geschlossenen Fonds).
- Risiko von Immobilienblasen und Abwertungen der Immobilien (bei Immobilienfonds).
- Ausgabeaufschlag (bis zu 5,5 % des Anlagevolumens).
- Verwaltungsgebühren (bis zu 0,8 % und 2 % des jährlichen Anlagevolumens).
- Bei manchen Fonds 30 % bis 40 % Gesamtkosten und -gebühren (vor allem bei geschlossenen Fonds).
- In Themen- und Dachfonds hohe Gebühren (da verschiedene Managementebenen).
- Strenge staatliche Regulierung (Nachteil für risikobereite Anleger).
- Je nach Situation ist eine Nachschusspflicht (nach BGB) möglich (bei geschlossenen Fonds).
- Je nach Rechtsform des Fonds kann ein Anteilseigner steuerlich plötzlich als Unternehmer veranlagt werden und Gewerbesteuer zahlen müssen oder Einkünfte aus Vermietung und Verpachtung versteuern müssen (bei geschlossenen Fonds).
- Fondserträge unterliegen der Besteuerung.

Meine Einschätzung: Fonds können *ein* Baustein sein. Allerdings sollten Sie schon sehr genau hinsehen, welche Auswahl sich anbietet. Vorsicht ist allerdings bei geschlossenen Fonds geboten. Unternehmerische Beteiligungen – dazu gehören Schiffsfonds, geschlossene Immobilienfonds, Wind- und Solarfonds – sind rechtlich nur unbefriedigend geregelt und aufgrund ihrer geringen Streuung sehr riskant. Sie investieren häufig nur in ein bestimmtes Projekt (ein Containerschiff, eine Wohnanlage, einen Gewerbepark, einen Solar- oder Windpark etc.). Immer wieder gibt es Fälle, bei denen Anleger bei Weitem nicht die in Aussicht gestellten Renditen erwirtschaftet oder gar ihr gesamtes Geld verloren haben.

6.1.3 Aktien und Währungsreform: Passst das zusammen?

Meine regelmäßigen Leser wissen, dass ich eine Währungsreform vom Euro in eine neue D-Mark mittelfristig für wahrscheinlich halte. Dies habe ich in meinen zahlreichen Publikationen und Vorträgen hinlänglich erläutert und erklärt. Auch auf die Folgen einer Währungsreform habe ich schon mehrfach hingewiesen. Deshalb nur in Kürze:

Von der vergangenen Währungsreform 1948 haben wir wichtige Erkenntnisse, wie sich eine neue Währungsumstellung auf Aktien auswirken könnte. Diese habe ich für Sie analysiert.

Die Währungsreform von 1948 wurde innerhalb von zwei (!) Tagen vollzogen. Die Menschen wurden am Freitag, 18. Juni darüber informiert, dass am Sonntag dem 20. Juni die Umstellung von Reichsmark auf D-Mark erfolgen werde.

➔ Übers Wochenende wurde das Vermögen der deutschen Bevölkerung zum großen Teil vernichtet.

Bankguthaben und Spareinlagen wurden im Verhältnis 100 : 6,5 abgewertet, die Verbindlichkeiten aber nur 100 : 10.

➔ Somit *stiegen* die Schulden im Verhältnis zum verbliebenen Restvermögen.

Die Halter von Anleihen und auch Kreditgeber gehörten zu den großen Verlierern. Industrie- und Kommunalobligationen sowie Pfandbriefe wurden umgerechnet um 92,6 % abgewertet.

Was aber bedeutete dies für die vielen Aktienanleger? Zunächst sah das in der Theorie nicht gut für sie aus, denn der Nominalwert der Anteile wurde mit weniger als einem Zehntel angegeben. So kam es, wie es kommen musste: Als die Frankfurter Börse am 14. Juli 1948 wieder den Handel aufnahm, führte die allgemeine Verunsicherung zu starken Kursverlusten. Im Durchschnitt fielen die Kurse der 30 größten deutschen Aktiengesellschaften um knapp 83 %.

Aber sehen Sie das einmal von einem anderen Gesichtspunkt: Hatte der Sparer also für seine ehemals 100 Reichsmark nur 6,50 D-Mark erhalten, war die 100-Reichsmark-Aktie nach der Währungsreform immerhin noch 17 D-Mark wert.

➔ Aktionäre hatten also »nur« die Hälfte von dem verloren, was der klassische Sparer einbüßen musste.

Natürlich stellte auch das einen großen Verlust dar. Aber wie ich oben schon andeutete, zahlt sich Durchhaltevermögen aus, denn Aktien sind mit realen Werten hinterlegt. Bereits 1949 legten die 30 größten deutschen Aktiengesellschaften im Durchschnitt und inflationsbereinigt eine Rallye von 169,1 % hin. 1954 erreichten die 30 Aktien mit dem höchsten Börsenwert (entspricht dem heutigen DAX 30) wieder den Wert, den sie vor der Währungsreform besaßen.[52]

Wer *vor* dem 20. Juni 1948 in Aktien investierte, erzielte bis 1963 sogar eine nominelle Jahresrendite von 10,7 %. Das bedeutet: Mit Aktien aus Deutschland konnte man den Realwert seines Einsatzes bewahren.

Mit ausländischen Aktien sah es noch besser aus. Der offizielle Umrechnungskurs für einen US-Dollar wurde am 21. Juni 1948 auf 3,30 D-Mark festgesetzt. Der Schwarzmarktkurs betrug allerdings über 10 D-Mark pro US-Dollar.

Der Auslandsanleger verbuchte also neben den Währungsgewinnen auch Börsengewinne. Aber auch hier war Geduld gefragt. Denn der Dow Jones Industrials Index verdoppelte sich zwischen 1948 und 1954.[53]

Die Besitzer von Gold kamen ebenfalls gut weg und mussten keine Verluste hinnehmen. Im Gegenteil, Gold war im Tauschhandel und auf dem Schwarzmarkt eine beliebte Ersatzwährung. Dazu später mehr.

Mein Fazit: Der Euro wackelt so heftig wie nie zuvor. Eine Währungsreform in den nächsten Jahren ist wahrscheinlich. Die vergangene Währungsreform hat Ihnen gezeigt, dass der Kauf deutscher Aktien und Aktien, die in Fremdwährungen dotierten, eine werterhaltende Wirkung auf das Vermögen haben kann. Aber: Setzen Sie in diesem Zusammenhang vor allem auf Unternehmen, die die oben beschriebenen Krisenschutz-Merkmale aufweisen.

Praxis-Tipp:

Halten Sie einen Mix aus krisenresistenten deutschen und ausländischen Unternehmensaktien in Ihrem Depot. Sachwert-Aktien, welche die oben aufgeführten Merkmale erfüllen, sind ein wichtiges Standbein meiner Krisenschutz-Strategie. Deshalb gewichte ich sie auch mit **30 %** in meinem Portfolio.

6.2 Edelmetalle

Wenn Sie auf einen Staatsbankrott und eine darauf folgende Währungsreform vorbereitet sein wollen, sind Edelmetalle ein *sehr* wichtiger Baustein.

Gold und Silber sind Werte an sich. Sie sind wertvoll, weil sie nicht von einer Gegenleistung abhängen, wie das bei Geld (reines Leistungsversprechen) der Fall ist. Edelmetalle können nicht pleitegehen. Gold braucht keine Zinsen zu erbringen, weil es kein Ausfallrisiko gibt. Mit Gold und Silber sind Sie zudem jederzeit liquide. Münzen oder Barren werden weltweit angenommen und haben einen definierten Preis.

➔ Gold und Silber sind die ultimativen Waffen gegen Inflations- und Währungskrisen.

6.2.1 Gold

Gold ist natürlich der Klassiker bei der Krisenschutz-Vermögensanlage. Und nicht zu Unrecht, denn von den rund 160 aktuellen Währungen wird das gelbe Edelmetall schon am längsten verwendet. Bis heute gilt Gold als die sicherste Form des Werterhalts. Zudem ist es währungsreform- und inflationssicher.

Info

Archäologische Grabungen zeigen, dass schon die Menschen in der Kupferzeit (3500–2300 v. Chr.) Gold kannten. Auch bei den Völkern der Antike wurde das Edelmetall für rituelle Zwecke benutzt. Ägypter, Azteken, Byzantiner, Römer und Chinesen verarbeiteten Gold zu Schmuck und verzierten damit die verschiedensten Gegenstände.[54] Zu Beginn des 3. Jahrtausends diente Gold im Alten Orient, in Ägypten und in Afrika zudem als Zahlungs-, Tausch- und Werteaufbewahrungsmittel. Im antiken Griechenland setzte sich das ungemünzte Edelmetall ebenfalls als Zahlungsmittel durch.

Etwa um 700 v. Chr. prägte das Volk der Lydier in Kleinasien (heute Türkei) zum ersten Mal Münzen. Sie taten dies wohl aus reiner Zweckmäßigkeit, da sie zwischen Griechenland, Persien und Mesopotamien besonders viel Handel betrieben.[55] Das Bezahlen mit den Münzen aus einer Silber-Gold-Legierung erleichterte ihre Geschäfte enorm, denn nun musste nicht mehr jedes Mal gewogen und abgezählt werden wie beim reinen Warentausch. Die Münzen der Lydier verbreiteten sich im Laufe der Zeit dann auf der ganzen Welt. Der byzantinische Kaiser Konstantin I. führte 500 v. Chr. eine eigene Goldwährung ein, den »Solidus«. Die Währung bestand über 800 Jahre lang.

Im Jahr 1717 wurde der Goldpreis zum ersten Mal festgelegt, und zwar von keinem Geringeren als dem berühmten Physiker und Astronomen Isaac Newton, der damals noch als Vorsteher des Münzamtes in Großbritannien fungierte.[56]

1971 wurde Gold zu einer frei handelbaren Währung, da es nicht mehr an den Dollar gebunden war und die US-Regierung den Goldpreis deregulierte. Seither wird die Welt mit wertlosem »Fiat Money« überschwemmt, also Geld, das aus den Nichts geschaffen wird und dessen Akzeptanz auf reinem Vertrauen der Verwender in seine Werthaltigkeit beruht.

Vergessen Sie nicht:

➔ **Gold kann man *nicht* nachdrucken!**

Seit Jahrtausenden ist Gold das wertstabilste Edelmetall und genießt bis heute hohe Anerkennung.

Als die Papierwährungen in der Vergangenheit ihren Wert verloren, blieb Gold stabil. Gold ist als Zahlungsmittel zudem auf der ganzen Welt anerkannt, was man vom wertlosen Papiergeld nicht gerade behaupten kann. Gott sei Dank gibt es keine Notenbanken, die Gold einfach so nachdrucken können.

Goldpreis seit 1972
(in US-Dollar pro Feinunze, London Fix A.M.)

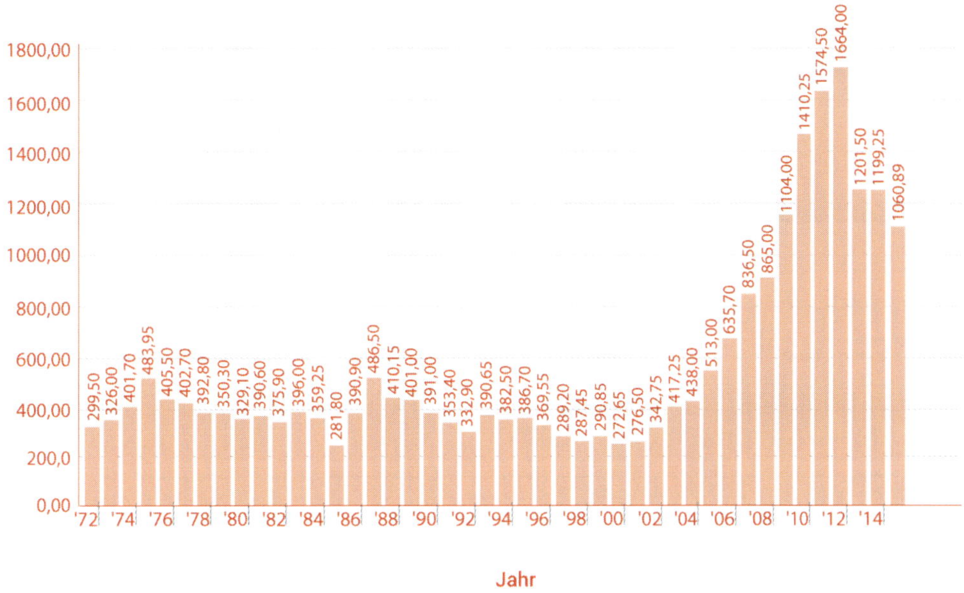

Sie sehen in der Grafik, dass der Goldpreis pro Unze seit 1972 um das 3,5-fache gestiegen ist – und zwar unabhängig von Wirtschafts- und Finanzkrisen, Kriegen und politischen Umwälzungen. Gold ist ein *langfristiges* Krisensicherungsinstrument.

Merke:

In 20 Jahren sind die Goldressourcen aufgebraucht!

Die Vorkommen des gelben Edelmetalls sind endlich, denn der durchschnittliche Anteil an Gold in der Erdkruste beträgt nur etwa 4 Gramm pro 1.000 Tonnen Gestein.[57] Nach Schätzungen wurden in der gesamten Menschheitsgeschichte bis heute um die 166.600 Tonnen Gold gefördert. Rund ein Drittel davon entfällt auf die Jahre seit 1950. Nur 9 % kommen als Münzen und Barren in Umlauf, aus dem Rest wird Schmuck hergestellt oder es wird industriell genutzt.[58]

Laut Statistik der US Geological Society sind weltweit noch etwa 51.000 Tonnen Gold in der Erde. Pro Jahr werden 2.500 Tonnen gefördert. Die jährliche Minenproduktion beträgt 87 Millionen Unzen. Damit betragen die Goldbestände das 64-Fache einer Jahresproduktion. Denn Gold wird nicht verbraucht, sondern gehortet. Die geförderte Goldmenge wächst pro Jahr um rund 1,5 %, die der Weltleitwährung Dollar aber durchschnittlich um 27 %!

Findet man keine neuen Vorkommen, sind die Goldressourcen demnach in rund 20 Jahren aufgebraucht.[59] Spätestens dann wird der Preis exorbitant steigen. Vertrauen Sie also auf die älteste und beständigste Währung der Welt.

In Deutschland ist Gold ein offizielles Zahlungsmittel. Aus diesem Grund ist es auch von der Mehrwertsteuer befreit.

Gold ist nicht nur Metall, es ist Geld. Egal, was die Papierwährungen für Kapriolen schlagen, ob sie inflationieren oder durch eine Währungsreform entwertet werden: Ihre Goldunzen im Tresor bleiben aus Gold. Basta.

Obwohl Politiker und Banker allenthalben Papierwährungen als »alternativlos« anpreisen, kaufen ihre Notenbanken mehr und mehr Gold auf. Offenbar glauben sie immer weniger an den Wert des Papiergeldes, das sie selbst drucken. Euro und Dollar sind nämlich durch nichts gedeckt – außer einem Versprechen der Notenbanken. Die Notenbanken können aber von Papiergeld so viel drucken, wie sie nur wollen.

Notenbanken verteufeln also Gold, horten es aber selbst in Unmengen in ihren eigenen Tresoren, weil es eben »wertstabilisierend« ist. Denn nach einem – wie immer gearteten – Crash wird man eine neue Währung herausgeben müssen. Doch das Volk wird nach den gemachten Erfahrungen misstrauisch sein. Der Schwarzhandel wird blühen. Man tauscht lieber Waren gegen Waren, denn da weiß man wenigstens, was man hat. Nur eine goldgedeckte oder teilgoldgedeckte Währung würde von den Menschen wohl angenommen werden. Goldgedeckt heißt: Der Besitzer eines Papiergeldscheins kann diesen Schein jederzeit gegen eine bestimmte Menge an Gold eintauschen.

➔ Gold ist die Königsklasse der Sicherheit. Daher brauchen die Regierungen Gold!

Während der Krisen in der Vergangenheit war die Nachfrage nach Gold schon sehr groß. Zwar schwankte der Preis im Laufe der Geschichte ganz erheblich, doch seit mehr als 5.000 Jahren gewinnt Gold an Wert, auch wenn es gelegentliche Rücksetzer gab und gibt.

➔ Gold ist Gold. Papier ist Papier. Gold ist eine Sachwährung. Geldscheine sind hingegen wertlose Fetzen Papier, die nur durch den Staat als Währung legitimiert werden.

Checkliste: Vorteile von Gold:

☑ Gold ist ein Wertspeicher, weil die Goldmenge (fast) konstant bleibt und nicht verbraucht wird.

☑ Im Durchschnitt lag die jährliche Förderung des Goldes in den letzten 100 Jahren bei 0,37 Gramm pro Kopf. Wenn die Zahl der Menschen steigt und die Goldmenge gleich bleibt oder sogar abnimmt, wird es keinen Wertverlust bei Gold geben. Unstrittig ist, dass die Bevölkerung weltweit zunehmen wird – aber die Menge an Gold ist endlich. Die Lücke zwischen dem Anstieg der Weltbevölkerung und dem Goldpreis wird sich also immer mehr zugunsten des Edelmetalls verschieben.[60]

☑ Gold ist ein Rettungsanker, weil es Stabilität, Vertrauen und Sicherheit schafft.

☑ Gold dient als Inflationsschutz, weil es ein Sachwert ist. Ein Gut und Güter sind Guthaben. Papiergeld hingegen ist nur eine ausstehende Schuld.

☑ Sie können Gold verkaufen.

☑ Es ist seit Jahrtausenden in Krisenzeiten als Geldersatz für den Warentausch einsetzbar.

☑ Gold ist neben Silber *die* Schwarzmarktwährung.

☑ Ein Gramm ist ein Gramm – überall! Gold ist Gold, und zwar weltweit! Ein Gramm des gelben Edelmetalls ist überall gegen ein anderes Gramm austauschbar. Versuchen Sie das einmal mit »wertlosem« Papiergeld!

☑ Es gibt kein Ausfallrisiko, denn hinter Gold steht kein Schuldner, der pleitegehen kann. Goldkritiker argumentieren, dass steigende Zinsen schlecht seien, weil Gold keine Zinsen bringe. Das ist in der Theorie zwar richtig, aber selbst wenn die Zinsen wieder steigen, ist dies für den Goldsparer kein Problem. Allgemein bedeuten höhere Zinsen nämlich eine schwächere Bonität der Schuldner und damit ein höheres Ausfallrisiko. Genau das ist bei Gold anders. Hinter Gold steht kein Schuldner, der pleitegehen kann. Es gibt kein Ausfallrisiko.

☑ In der Vergangenheit stieg der Goldpreis *langfristig*: Im Jahr 1900 kostete eine Feinunze gerade mal 20,57 US-Dollar. Im Jahr 2000 waren es 289 USD, gegenwärtig sind es rund 1.100 USD.

☑ Im Vergleich zu Euro und US-Dollar hat Gold klar die Nase vorn: Der US-Dollar hat im Vergleich zu Gold seit 1971 um 98 % abgewertet. Der Vergleich zum Euro ist ähnlich: Musste man 2002 für eine Unze Gold noch 300 Euro bezahlen, stieg der Preis auf gegenwärtig rund 1.020 Euro.

☑ Seit 2009 traten Notenbanken erstmals seit 20 Jahren wieder als Käufer auf dem Markt auf und stockten ihre Goldreserven kräftig auf. Im Klartext heißt das: Die Notenbanken trauen dem Papiergeld nicht mehr, das sie selbst drucken. Tun Sie das also auch nicht!

☑ Gold ist eine Absicherung gegen negative Realzinsen (wenn die Inflationsrate über dem Sparzins liegt). »Geld«-Sparer erleiden dadurch Vermögensverluste. 100 Euro können – je nach Inflationsrate – dann auf dem Sparbuch nur noch 98 Euro an Kaufkraft besitzen. Für Goldsparer sind negative Realzinsen jedoch gut. Denn der Goldpreis entwickelte sich in Phasen geringer oder gar negativer Realverzinsung am besten.

☑ Aktuell bezahlen Sie nicht einmal Mehrwertsteuer auf Gold.

☑ Spekulationsgewinne mit Gold sind nach einem Jahr Haltedauer steuerfrei.

☑ Noch können Sie das Edelmetall anonym bis zu 14.999 Euro kaufen.

☑ Noch ist der Goldpreis unterbewertet.

☑ Noch amüsiert sich die Presse über die anachronistischen Goldbesitzer mit ihren »Weltuntergangsfantasien«.

Das alles ist gut für Sie!

6.2.1.1 Gold*handels*verbot statt Gold*verbot*

Meine Leser stellen mir immer und immer wieder dieselbe Frage: Gold zu halten ist ja schön und gut, aber was ist, wenn staatliche Stellen ein Goldverbot anordnen?

Diese Angst ist nicht unbegründet: Denn wer physisches Gold besitzt, ist frei. Niemand kann sehen, wie viel er hat. Der Staat kann darum auch keine Steuern darauf erheben. Ein Goldbesitzer kann das Edelmetall immer und überall einsetzen und bekommt dafür alles, was käuflich ist. Währungskrisen, Währungsreformen, Deflation und Inflation, sämtliche Instrumente des Staates zur Ausplünderung des Bürgers gehen an ihm vorbei. Das aber verträgt sich nicht mit dem Interesse von Staaten, die eine Währungskrise, Schuldenkrise oder Wirtschaftskrise durchmachen. Je tiefer die Krise ist, desto mehr will sich der betroffene Staat den Durchgriff auf Vermögen, Einkommen und Arbeitskraft seiner Bürger sichern. Je mehr also die Bevölkerung in Schulden, Überwachung und Zwänge eingebunden ist, desto ungehinderter kann der Staat nach Gutdünken verfahren.

Theoretisch ist ein Goldbesitzverbot auch in Deutschland möglich: Unser Grundgesetz garantiert nach Artikel 14 das Eigentum und damit auch den freien Goldbesitz. Absatz 3 des Artikels schränkt jedoch ein, dass Enteignungen »zum Wohl der Allgemeinheit« zulässig sind.[61]

Dennoch brauchen Sie meiner Einschätzung nach *keine* Angst vor einem Goldverbot haben, wohl aber könnte der Staat ein Gold*handels*verbot verhängen. Natürlich will eine Regierung in Krisenzeiten Zugriff auf Ihr Vermögen. Bei anonymem Goldbesitz ist das schwierig, also dürfen Sie als Bürger nicht mehr an Gold kommen. Wie aber soll das der Staat am besten anstellen? Goldbesitz zu verbieten und es zu beschlagnahmen ist nur schwer durchführbar. Die Erfahrungen aus dem Goldverbot in den USA der 1930er-Jahre haben vielmehr gezeigt, dass dort in Wahrheit nur 30 % des Edelmetalls staatlich requiriert werden konnten. Bei uns haben die meisten Anleger Gold anonym gekauft. Der Staat kann aber nicht 40,4 Millionen Haushalte und 82 Millionen Menschen auf verborgene Goldvorräte hin durchsuchen.

Daher bin ich der Überzeugung, dass nur ein anderer, weniger aufwendiger Weg bleibt: Repressalien gegen Edelmetallhändler. Das heißt: Ein Gold*handels*verbot. Die rund 200 Münzhändler sind besser zu kontrollieren als ein Millionenvolk. Dann aber würde der Wert des Goldes durch die Decke schießen und Sie wären der Gewinner, wenn Sie Ihre Münzen und Barren *vor* dem Goldhandelsverbot gekauft hätten.

Die Zeiten der materiellen Sicherheit, an die Sie sich in den letzten 50 Jahren gewöhnt haben, sind vorbei. Es gibt keine schmerzfreie Lösung dieser verfahrenen Situation. Edelmetalle wie Gold und Silber sind die einzigen mobilen, weltweit akzeptierten, jederzeit liquiden Formen eines Vermögens. Goldeigentümer können niemals pleitegehen, was sie seit Jahrtausenden bewiesen haben. Goldbestände tragen kein Kredit-Ausfallrisiko, können nicht beliebig vermehrt und kaum zerstört werden. Goldbestände können zudem vor staatlichem Zugriff verborgen werden. Edelmetalle verrotten nicht. Ihr Wert ist klar definiert und aufgrund ihrer Wertdichte können größere Vermögenswerte auf kleinstem Raum untergebracht und transportiert werden.

Auf eine weitere Unsicherheit vieler Interessierter möchte ich noch kurz eingehen. Denn auch diese Frage wird mir immer wieder gestellt:

6.2.1.2 Ist Gold inflationssicher?

Bei der Antwort auf diese Frage scheiden sich die Geister. Die Fachautoren Werner Bareis und Niels Nauhauser kommen zu einer klaren Schlussfolgerung: »*Die Steigerungen beim Goldpreis haben in den letzten 25 Jahren die Inflationsrate bei Weitem nicht ausgeglichen*«.[62]

Eine andere Sicht geht genau vom Gegenteil aus, nämlich dass Gold eine langfristige Werthaltigkeit beziehungsweise eine konstant bleibende Kaufkraft besitzt. Denn bei einer Inflation vermehrt sich die Menge des umlaufenden Geldes. Der Goldpreis wird in Geldeinheiten gemessen. Bei einer Inflation steigt demnach auch der Goldpreis. Je nach Auf- und Abwertung einer Währung verändert sich der Preis des Goldes, aber der Wert bleibt konstant. Oder anders ausgedrückt: *Langfristig* gleicht der Goldpreisanstieg immer den Kaufkraftverlust durch Inflation aus. Aber *kurz-* und *mittelfristig* kann es durchaus Abweichungen zum realen Wert geben.[63]

Damit gehe ich konform. Für mich bietet Gold tatsächlich einen langfristigen Inflationsschutz – sowieso in Krisenzeiten.

☑ Praxis-Tipp:

Gerade in diesen turbulenten Zeiten gehört Gold zu den wenigen Dingen, die – egal, was kommt – unverändert Bestand und Wert haben. Jetzt ist die Zeit, dass Sie entsprechend handeln. Kaufen Sie Gold am besten in Form von Münzen mit dem Feingewicht von einer Unze. Sie dienen als Wertaufbewahrungsmittel und Ersatzwährung in Krisenzeiten. Steigen Sie ein, bevor die Preise aufgrund der politischen Situation durch die Decke schießen.

Aber: Bei Gold kann es zum Teil starke Wertschwankungen geben. Sehen Sie das Edelmetall deshalb *nicht* als kurzfristiges Renditeobjekt an, sondern als langfristige Krisenabsicherung.

Zur Erinnerung: Der Goldpreis pro Unze notierte im Jahr 1950 bei 34 US-Dollar. Heute sind es etwa 1.100 US-Dollar. Eine Unze ist heute also rund 38-mal mehr wert!

Ich wiederhole es bewusst, weil es wichtig ist: Manche Kritiker betonen immer wieder, dass es auf Gold keine Zinsen gibt. Das ist zweifellos richtig. Doch aufgrund der Knappheit, die ich oben schon angesprochen habe, aufgrund der akuten Verschuldungskrisen und der daraus resultierenden steigenden Nachfrage gehe ich mittelfristig von einer Wertsteigerung aus. Gold wird Sie sicher durch die kommenden Krisen bringen.

Trotz alledem haben die Deutschen nach wie vor zu wenig in Edelmetalle investiert. Die Bundesbürger halten im Schnitt nur 2,8 % ihres Gesamtvermögens in Gold. Machen Sie diesen Fehler auf gar keinen Fall. Stocken Sie Ihre Goldbestände auf oder nehmen Sie Gold als *ein* Standbein in Ihr Portfolio auf.

Wenn Sie sich für den Kauf von physischem Gold entscheiden, sollten Sie sich an angesehene Gold- oder Edelmetallhändler halten. Diese bieten Edelmetalle in der Regel etwas billiger an als bei der Bank und haben häufig auch größere Lagerbestände. Das Internet bietet dazu gute Recherchemöglichkeiten, um die einzelnen Händler einschätzen zu können und einen ersten Preisüberblick zu erhalten. Große Händler sind *pro aurum, Westgold, Degussa, muenzenmueller, die Thüringer Edelmetallkasse und einige andere.*

Mein Rat: Kaufen Sie Münzen von einer Unze, bei anderen Gewichtseinheiten haben Sie einen zu großen Prägeaufschlag.

Gängige Goldmünzen sind:

- Krügerrand (Südafrika)
- Wiener Philharmoniker (Österreich)
- Maple Leaf (Kanada)
- American Eagle (USA)
- American Buffalo (USA)
- Britannia (Großbritannien)
- Kookaburra (Australien)

- Panda (China)
- Libertad (Mexiko)

Mein Fazit: Die Frage, ob der Goldpreis *gegenwärtig* realistisch bewertet ist, lässt sich nicht mit Sicherheit beantworten. Dies ist von zu vielen Einflussfaktoren und Parametern abhängig. Was aber nach menschlichem Ermessen sicher erscheint: Gold wird *langfristig* seinen Wert behalten oder sogar noch steigern. Dafür sprechen die Parameter, die ich aufgezeigt habe. Vergessen Sie nicht: Die meisten Währungen, die *nicht* auf Gold basierten, gingen unter.

6.2.1.3 Eignet sich Gold als Altersvorsorge?

Die Spatzen pfeifen es schon von den Dächern: Ihre herkömmliche Altersvorsorge ist in Gefahr. Ihre staatliche Rente schrumpft immer mehr und die privaten Absicherungen sind unrentabel, ja sogar ein Minusgeschäft.

Deshalb fragen sich immer mehr Menschen, ob Gold eine Alternative für die Altersvorsorge ist. Im Zusammenhang mit dem Ruhestand ist es aber vor allem wichtig, ob die Altersvorsorge *Verlustrisiken* trägt und wie ihre *Wertentwicklung* ist.

Ihre staatliche Rente wird immer weiter zusammengestrichen und durch das Umlageverfahren der gesetzlichen Rentenversicherung entsteht keinerlei Rendite, weil das Geld ja nicht angelegt, sondern sofort an die aktuellen Rentner ausgezahlt wird. Der Beitragssatz ist in den letzten 66 Jahren um fast 100 % gestiegen.[64] Zudem erhöht sich der steuerpflichtige Rentenanteil von 80 % im Jahr 2020 auf 100 % im Jahr 2040. Ab diesem Zeitpunkt ist die Rente als »Sonstige Einkünfte« voll zu versteuern. Zusätzlich mindert die Inflation die Kaufkraft der Rentenbezüge (siehe Kapitel »Vermögensvernichtung durch Inflation«).

Andreas Beck, Vorstand des Instituts für Vermögensaufbau, vertritt die Meinung, dass Gold als Spekulationsobjekt für die Altersvorsorge untauglich sei.[65] Ich bin genau der gegenteiligen Meinung, nämlich, dass es *keine* andere Möglichkeit gibt, die Kaufkraft Ihres Vermögens zu *erhalten*, ohne einen Teil in Edelmetalle anzulegen.

Ich habe eine – zugeben – hypothetische Beispielrechnung einer Durchschnittsrente im Vergleich zur Goldanlage gemacht. Die Berechnung ist nur ein Beispiel, bei dem sich bestimmte Parameter nicht verändern dürfen. Sie soll lediglich dazu dienen, Ihre Affinität zum Thema zu stärken.

▶ Beispielrechnung: Rente versus Gold

Rente: Ein kinderloser Durchschnittsverdiener zahlte seit 1982 im Mittel rund 92.000 Euro an Beiträgen (nur Arbeitnehmeranteil) in die gesetzliche Rentenversicherung ein. Daraus ergibt sich nach derzeitigem Stand und inflationsbereinigt (also verzinst mit 2,8 % p.a., dem Durchschnitt der letzten 50 Jahre) eine monatliche Rente von 958 Euro.

Gold: Der Durchschnittspreis einer Feinunze Gold beträgt seit 1982 exakt 412 Euro. Mit den 92.000 Euro, die der Versicherte an die Rentenkasse zahlen musste, hätte ein Anleger in der Zeit also rund 223 Unzen Gold zum Durchschnittspreis kaufen können.

Ergebnis: Den gegenwärtigen Unzenpreis von rund **1.000 Euro** zugrunde gelegt, entsprächen 223 Unzen Gold einem Wert von über **223.000 Euro** (steuerfrei), mit dem der Anleger bei 958 Euro Monatsbedarf (siehe Rente oben) rund **19,5** Jahre lang leben könnte (wenn der Goldpreis so niedrig bliebe). Die durchschnittliche Rentenbezugsdauer liegt laut Statistiken der Deutschen Rentenversicherung Bund (DRV) in Berlin aber nur bei rund 18,5 Jahren.[66]

Das bedeutet, dass der Goldbesitzer bei gleicher Bezugsdauer statt 958 Euro im Monat rund **1.000 Euro** zur Verfügung hätte – und das sogar bei dem **gegenwärtig niedrigen Goldpreis**.

6.2.1.4 Gold versus Dow Jones Index

Der wichtigste Index der USA ist der Dow Jones Index (eigentlich Dow Jones Industrial Average, DJIA) an der New Yorker Börse (New York Stock Exchange, NYSE). Er ist einer der ältesten noch bestehenden Aktienindizes der USA und setzt sich heute aus 30 der größten US-Unternehmen zusammen. Die tägliche Entwicklung der Kurse an der New Yorker Börse beeinflusst die gesamte globale Finanzarchitektur. Kursausschläge des Dow Jones machen sich in Windeseile auf der ganzen Welt bemerkbar. Der Indexstand des Dow Jones wird ausschließlich aufgrund der Aktienkurse ermittelt. Die Berechnung erfolgt anhand der Aufsummierung der einzelnen Aktienkurse und der anschließenden Division durch die Anzahl der Aktien im Index. Der Dow Jones wird während der NYSE-Handelszeit (9:30 bis 16:00 Uhr Ortszeit) jede *Sekunde* aktualisiert.

Die »Dow-Gold-Ratio« gibt den Stand des Dow Jones im Verhältnis zum Goldpreis an. Wenn die Rate fällt, läuft Gold besser als US-Aktien und umgekehrt. Über einen längeren Zeitraum hinweg hat Gold den Dow geschlagen, aber nicht bei allen Aktien. Diese gelten ebenfalls als Sachwert mit Inflationsschutz.

Mein Tipp daher: Nicht Gold *oder* Aktien kaufen, sondern Gold *und* Aktien.

Ich empfehle Ihnen hiermit aber nicht, *nur* in Gold zu investieren. Ihr Depot sollte ausgewogen sein. Eine Diversifizierung, also Verteilung der Anlagegelder auf verschiedene Anlageklassen, ist grundsätzlich sinnvoll, da dadurch Wertschwankungen ausgeglichen werden können. Gold eignet sich allerdings hervorragend als Beimischung zur Absicherung der Gesamtstrategie. Wie und in welcher Höhe ein Anleger in Gold investieren sollte, ist individuell verschieden.

➔ In Krisenzeiten zeigt sich einmal mehr: Die Bedeutung des gelben Edelmetalls liegt *nicht* in seinem Preis, sondern in seinem Besitz!

6.2.2 Silber

Auch wenn Gold viele Vorteile besitzt: Nicht jeder kann sich das gelbe Edelmetall leisten. Eine Alternative dazu ist Silber. Ähnlich wie Gold diente Silber in vielen frühen Gesellschaften als Zahlungsmittel.

In den USA existierte im 19. Jahrhundert ein Währungssystem, das durch Gold und Silber gedeckt war. Die Preise beider Edelmetalle entwickelten sich bis dahin *parallel* zueinander. Silber büßte aber seine Bedeutung ein, als der Übergang zur reinen Golddeckung vollzogen wurde. Sein absoluter und relativer Wert sank. Das ist bis heute so – Gott sei Dank, denn jetzt können sich auch Menschen mit kleinem Geldbeutel Edelmetalle zur Krisenabsicherung leisten.

Info

Die weltweiten Silbervorkommen werden etwa 15- bis 20-mal höher geschätzt als die von Gold. Die Fördermenge beträgt etwa das Achtfache. Für eingefleischte Silberfans ist das ideale Edelmetall jenes, das über die Vermögenssicherung hinaus eine *steigende realwirtschaftliche Bedeutung* hat.

Dies trifft auf Silber zweifellos zu, denn die Industrie braucht immer mehr davon. Etwa in Leitpasten von RFID-Transpondern, als Nano-Silber in antibakteriellen Anwendungen, für Silber-Zink-Akkumulatoren in mobiler Informations- und Kommunikationstechnologie, als Silber-Katalysatoren in alkalihaltigen Brennstoffzellen oder bei OLED-Displays, in Farbstoffzellen und solarthermischen Kraftwerken. Die Bedeutung des Silbers wird in der Realwirtschaft weiter zunehmen. Die Ressourcen sind aber in knapp 30 Jahren völlig aufgebraucht. Wenn ein Produkt endlich, die Nachfrage aber groß ist, wird der Preis steigen.

Bis heute versuchen Fachleute einen »fairen« Preis für Silber festzulegen. Dies geschieht meist über einen Vergleich mit historischen Preisrelationen. Bei einem Verhältnis von 1 : 50 würde man also für eine Feinunze Gold 50 Feinunzen Silber erhalten. Im Durchschnitt der letzten Jahrhunderte lag dieses Verhältnis, Schätzungen zufolge, zwischen 1 : 10 und 1 : 20.[67]

Gegenwärtig notiert Silber zu Gold in einem Verhältnis von rund **1 : 77 (1.000 Euro Goldpreis zu 13 Euro Silberpreis)**, der Wert einer Feinunze Gold entspricht also dem von rund **77** Feinunzen Silber. Der Preis des Silbers ist also exorbitant *unterbewertet,* denn das Verhältnis der natürlichen Vorkommen von Gold im Vergleich zu Silber liegt nur bei 1 : 17,5.[68]

6.2.2.1 Droht ein Silberverbot?

Ähnlich wie beim Gold haben manche Anleger Angst vor einem Silberverbot. Dieses ist für mich aber aus denselben Gründen schwerlich vorstellbar wie beim Gold. Der Markt ist zu klein. Ein Verbot durchzusetzen und zu kontrollieren würde aus staatlicher Sicht vermutlich mehr kosten als einbringen. Der industrielle Verbrauch von Silber ist ebenfalls zu hoch, weil das Edelmetall in der Industrie vielfach verwendet wird. Auch ein Teilverbot erscheint daher unwahrscheinlich. Warum sollte die Industrie Silber besitzen dürfen, private Investoren jedoch nicht?

Zudem wird auf Silber Umsatzsteuer erhoben, weil der Staat es nicht als Edelmetall, sondern wie Kupfer, Nickel oder Stahl als Industrierohstoff betrachtet. Dies bestätigt auch die Auffassung der Finanzaufsicht BaFin, dass physische Edelmetalle generell nach dem Kreditwesengesetz keine Finanzinstrumente darstellen.[69] All das sind für mich also Gründe, warum ich nicht an ein Silberverbot glaube.

Historischer Silberpreis in USD

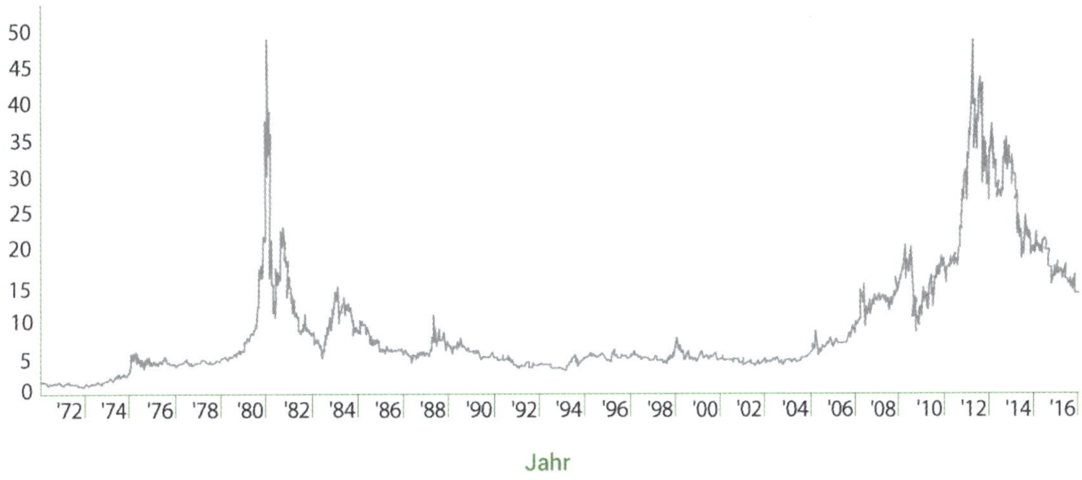

Im Chart erkennen Sie, dass der Silberpreis im Jahr 1970 durchschnittlich 1,76 US-Dollar betrug, 2015 im Durchschnitt 15,72 US-Dollar, also 9 mal mehr – und das trotz Höhenflügen und Abstürzen.

Gängige Silbermünzen sind:

- Wiener Philharmoniker (Österreich)
- Maple Leaf (Kanada)
- American Eagle (USA)
- Britannia (Großbritannien)
- Kookaburra (Australien)
- Panda (China)
- Libertad (Mexiko)

6.2.2.2 Warum Sie Silber kaufen sollten

Silber spielt (leider) bei den Vermögensanlagen der Deutschen fast keine Rolle. Der Umfang der Silber-Investments wird sich allerdings in Zukunft deutlich steigern. Aber bedenken Sie: Der Silbermarkt schwankt. Sie dürfen ein solches Investment daher *nicht* als *kurzfristiges* Renditeobjekt sehen, sondern als operativen Schutz.

➔ Silber ist für mich nicht nur ein Werterhaltungsmittel gegenüber wertlosem Papiergeld, sondern auch *die* Krisenwährung schlechthin.

Stellen Sie sich vor, Sie wollen nach der Abschaffung des Euro oder einer Währungsreform ein Stück Fleisch beim Metzger kaufen. Sie bezahlen mit einer Goldmünze im Wert von dann vielleicht 1.500 Euro oder noch viel mehr. Wie soll der Metzger Ihnen Wechselgeld herausgeben?

➔ Für den Krisenfall sollten Sie daher Silbermünzen mit dem Feingewicht von jeweils einer Unze als Zahlungsmittel und Gold als Vermögenssicherung verwenden.

Silber eignet sich hervorragend als Krisenwährung, weil es sich aufgrund des geringeren Wertes gegenüber Gold zur täglichen Grundversorgung eignet. Silber-Experte Thorsten Schulte rät: »*Im Silbermarkt stets antizyklisch investieren! Der Silbermarkt schwankt mitunter unheimlich stark* (...) *Auch der Silberanleger muss sich auf schmerzhafte Erfahrungen vorbereiten, wird aber langfristig dafür fürstlich belohnt*«.[70]

6.2.2.3 Edelmetalle im Angesicht einer Währungsreform

In Europa verletzen die meisten Staaten die Maastricht-Kriterien und sind so hoch verschuldet wie noch nie. Tendenz: Steigend. Sie sollten endlich aufhören zu glauben, dass der Euro eine stabile Währung wäre. Mehr und mehr Menschen erkennen, dass der Wert unseres Geldes durch Politik und Notenbanken ausgehöhlt wird.

Ich will Ihnen nichts vormachen und immer wieder darauf hinweisen: Die Euro-Abwertung oder gar eine Währungsreform wird den Großteil Ihrer Papiergeldersparnisse vernichten. Umso wichtiger ist es, dass Sie sich rechtzeitig Edelmetalle wie Gold und Silber kaufen. Diese stellen Werte dar, die man *nicht* mit einem Federstrich für wertlos erklären kann. Und vor allem: Sie können sie auch in Krisenzeiten zu »Geld« machen bzw. als Zahlungsmittel verwenden, weil sie etwas wert und nicht nur ein Fetzen Papier mit dem Legitimationsstempel irgendeiner Zentralbank sind.

➔ Edelmetalle werden vor der Währungsreform, in der Übergangszeit und auch danach eine wichtige Rolle spielen.

Die Münzen werden auf dem Schwarzmarkt oder als Tauschmittel begehrter sein als je zuvor. Die Edelmetallkurse werden raketenhaft steigen, weil das Vertrauen in die Papierwährungen nicht mehr existiert. Immer mehr Menschen werden deshalb in inflations- und währungsreformresistente Edelmetalle investieren. Der Preis wird also steigen. Gold und Silber hätten dann mindestens den 10- bis 20-fachen Wert von heute. Sechs Unzen Silber könnten sogar einem Monatslohn von rund 2.000 Euro entsprechen.

So würde sich die Geschichte wiederholen: Um 1760 verdiente ein französischer Arbeiter 1 Livre am Tag, was 4,50 Gramm Silber entsprach. Bei damals sechs Arbeitstagen ergab das in einer Woche 27 Gramm Silber. In einem Monat also rund 4 Unzen,[71] was auch einem Monatslohn gleichkam.

Ähnlich auch beim Gold: Im antiken Griechenland kostete eine gute »Herrenausstattung« etwa eine halbe Unze Gold. Auch das ist heute noch so. Gold und Silber gehören also zu den wenigen Dingen, die – egal, was kommt – unverändert Bestand und Wert haben.

Bei einer Währungsreform werden Gold und Silber daher eine bestimmte Zeit lang als Ersatzwährung parallel zur D-Mark-II bestehen, die wahrscheinlich nicht goldgedeckt sein wird. Silbermünzen dienen dabei als operatives Zahlungsmittel, mit denen sich Einkäufe und Geschäfte abwickeln lassen.

Gehören Sie heute schon zu der kleinen Gruppe der Edelmetallbesitzer und nicht zur überwiegenden Mehrheit der späteren Habenichtse. Warten Sie also nicht ab, bis es zu spät ist.

☑ **Praxis-Tipp:**

Auch wenn die Bundesregierung die Erhöhung der Mehrwertsteuer für Silbermünzen von 7 % auf 19 % beschlossen hat, sollte Sie das nicht von Silber-Investments abhalten. Es geht nämlich nicht um Rendite, sondern um ein Krisenzahlungsmittel, das im Ernstfall garantiert aufwerten wird.

Mein Rat: Bei manchen Münzen kann man die erhöhten Mehrwertsteuersätze umgehen. Fragen Sie Ihren Edelmetallhändler nach der »Differenzbesteuerung gemäß Sonderregelung für Sammlungsstücke und Antiquitäten § 25a UstG«.

Ich persönlich bevorzuge Silbermünzen mit einem Feingewicht von einer Unze als Krisenwährung und Goldmünzen mit dem gleichen Feingewicht als Krisenschutz. Auch für Käufer mit kleinem Portemonnaie sind Edelmetalle erschwinglich. Pro Woche können Sie beispielsweise eine Unze Silber kaufen, um sich im Verlauf der Zeit so ein kleines Sicherheitspolster zu schaffen. Sie können Ihre Rücklagen dann nach und nach mit den weitaus teureren Goldmünzen aufstocken.

Eine *differenzierte* Edelmetallstreuung ist sicherlich von Vorteil. Nehmen Sie deshalb beide Edelmetallanlagen in Ihr Portfolio auf – Gold und Silber. **Ich empfehle Ihnen einen Edelmetallanteil von 20 %.** Ob Sie dabei Gold höher gewichten als Silber, hängt von Ihren individuellen Zielen ab.

Mein Rat: Lassen Sie sich auch vom Auf und Ab der Edelmetallkurse nicht beirren. Wenn Sie verstanden haben, warum Sie einen Teil Ihres Vermögens in dieser Anlageklasse sichern müssen, dann sollten Sie die Eurobeträge, die für eine Unze zu berappen sind, genauso wenig interessieren wie die Anzahl an Kauri-Muscheln, die Sie dafür bekämen. Denn der Sinn ist, Ihr Vermögen vor Inflation, Zwangsabgaben, Enteignung, Steuern und Bankenschließung zu retten.

➔ Eine Investition in Edelmetalle ist auf jeden Fall sinnvoll, denn die Vergangenheit zeigt klipp und klar: Währungen kommen und gehen. Gold und Silber aber bleiben.

Und noch etwas: Deponieren Sie Ihre Edelmetalle *nicht* bei einer Bank. Ein Zugriff auf Bankschließfächer kann zwar aktuell im Notfall schnell und effektiv erfolgen. Nach geltendem Recht muss jede Bank Ihre Edelmetalle an Sie herausgeben, auch wenn die Bank pleitegeht, weil Edelmetalle nicht zu den Bankeinlagen gehören. Aber ich vertraue dem Staat nicht. Rechtsgrundlagen kann man in Krisenzeiten schnell ändern. Die Ereignisse in Griechenland und Zypern haben Ihnen hoffentlich gezeigt, wie schnell und skrupellos ein Staat sich Ihr Vermögen einverleiben kann, wenn er selbst vor dem Bankrott steht.

Bewahren Sie Ihre Unzen an einem anderen Ort auf. Etwa in einem geheimen Tresor oder in irgendeinem anderen Versteck. Sie können es auch vergraben oder im Notfall auch einschmelzen. Es gibt viele Möglichkeiten, Edelmetalle vor dem Zugriff von Räubern oder eines gierigen Staates zu verstecken. Seien Sie kreativ!

6.3 Anleihen

Sie werden jetzt sicherlich etwas erstaunt darüber sein, warum *ich* Ihnen Anleihen zum Schutz Ihres Vermögens empfehle. Das hat einen einfach Grund: Wie bei Aktien gilt auch hier: Anleihe ist nicht gleich Anleihe.

Setzen Sie auf Papiere in **Nicht-Euro-Währungen.** So schützen Sie sich vor der Euro-Entwertung. Diese ist beachtlich: Bei der Einführung des Euro am 1. Januar 2002 erhielt man für 1 US-Dollar 1,10 Euro. Aktuell sind es gerade mal 0,91 Euro. Das ist eine Abwertung von 16 %!

Sie sollen Anleihen ebenfalls nicht als Renditeobjekte sehen, mit denen Sie große Gewinne generieren können, sondern als Absicherungsinstrument gegen den Euro.

☑ **Praxis-Tipp:**

Kaufen Sie *keine* Euro-, Dollar- oder Yen-Anleihen!

Begründung: Den US-Dollar und den Yen halte ich für *nicht* sicher. Der reale handelsgewichtete Wert des US-Dollar liegt 25 % unter dem Wert von vor zehn Jahren. In Japan wie in den USA werden die Märkte mit immer noch mehr Geld geflutet. Deshalb werden beide Währungen auch in Zukunft abwerten. Vorsicht also auch hier!

Dasselbe gilt für EU-Staatsanleihen, die früher als weitgehend risikolose Anlage galten. Doch aufgrund der Euro-Schuldenkrise sind Entwertungen und weitere Schuldenschnitte möglich. Euro-Staatsanleihen sind für mich deshalb risikoreicher als manche Derivate. Zudem müssen Sie bis heute *nicht* mit Eigenkapital unterlegt werden.

Mein Rat: Finger weg also von Anleihen, die in US-Dollar, Yen oder Euro notieren.

Mit Staatsanleihen können Sie keine großen Gewinne machen. Sie dienen jedoch dem Kapitalerhalt und gehören in ein ausgewogenes Portfolio, um Schwankungen auszugleichen.

6.3.1 Anleihen in Norwegische Kronen

Eigentlich ist es ganz einfach: Wenn Sie Norwegische Anleihen erwerben, gewähren Sie dem norwegischen Staat einen Kredit, mit dem das Land seine Ausgaben finanzieren kann. Die Anleihen werden – Gott sei Dank – nur in Norwegischen Kronen (NOK) gehandelt.

Als Gegenleistung erhalten Sie einmal im Jahr einen vorher festgelegten Zinssatz (Coupon) auf Ihr verliehenes Geld. Außerdem garantiert Ihnen der norwegische Staat am Ende der festen Laufzeit die Rückzahlung des Nominalbetrags der Anleihe, also desjenigen Betrages, den Sie ursprünglich investiert haben. Norwegische-Kronen-Anleihen sind für mich der Klassiker in dieser Wertpapierkategorie – und dafür gibt es eine Reihe guter Gründe:

- Norwegen hat nur eine geringe Staatsverschuldung von etwa 29 % des jährlichen Bruttoinlandsprodukts (Deutschland 75 % des BIP).

- Norwegen ist für seine solide Haushaltsführung bekannt.

- Norwegen schwimmt seit der Erschließung der Öl- und Gasfelder in den 1970er-Jahren im Geld. Dadurch ist das Land in einer viel besseren Position als andere europäische Länder einschließlich Deutschland.

- Mittlerweile gehört Norwegen zu den vermögendsten Ländern der Welt[72] mit einem erstklassigen AAA-Rating, also der Bestnote, die die Rating-Agenturen in puncto Zahlungsfähigkeit vergeben.

- Die norwegische Regierung hat mit einer klugen Politik in guten Zeiten 51 Milliarden US-Dollar[73] an Reserven angehäuft (Deutschland 38,8 Milliarden US-Dollar).[74]

- Der staatliche Pensionsfonds Norwegens speist sich aus den Einnahmen der heimischen Öl- und Gasindustrie und soll den Wohlstand für zukünftige Generationen sichern. Mit seinem Marktwert von mehr als 7.000 Milliarden Norwegischen Kronen (800 Milliarden Euro) ist er der größte Fonds seiner Art auf der Welt.[75]

- Norwegens Staatsanleihen werfen hinreichend gute Renditen ab, mit denen ein Inflationsausgleich möglich ist.

- Die Norwegische Krone weist ein geringes Währungs- bzw. Wechselkursrisiko auf.[76] In den letzten fünf Jahren ist sie gegenüber dem Euro um 12,88 % und in den letzten zehn Jahren um 18,22 % stärker geworden.[77]

Mein Fazit: Norwegische Anleihen sind beliebt und gelten wohl mit Fug und Recht noch als die am besten mit Realwerten unterlegten Bonds.[78] Der aus den Ölexporten gespeiste Reichtum schottet das Land vor den Auswirkungen der Staatsschuldenkrise in der Euro-Zone weitgehend ab. Die Nachfrage nach Norwegen-Papieren wird deshalb weiter zunehmen.

Info

Zurzeit sind Norwegen-Anleihen mit Coupons bis 4,5 % und mit Fälligkeiten vom 16.03.2016 bis 13.03.2025 erhältlich.

6.3.2 Anleihen in Schweizer Franken

Auch mit Anleihen, die in Schweizer Franken notieren, können Sie sich vor der Euro-Abwertung schützen. Sie werden ausschließlich in Schweizer Franken (CHF) gehandelt. Für diese Anleihen sprechen folgende Vorteile:

- Das kleine Alpenland gilt seit jeher als Hort der Sicherheit und Stabilität.
- Auch die Schweiz hat die Rating-Bestnote AAA.
- Die Schweiz bietet hohe Sicherheit.
- Die Schweiz verfügt über hohe Devisenreserven. Um eine Aufwertung der Landeswährung zu verhindern, verkaufte die Notenbank kräftig Franken, was zu einem Anstieg der Devisenreserven um 11 % auf umgerechnet 417 Milliarden Dollar führte[79] (Deutschland 38,8 Milliarden US-Dollar).[80]
- Die geringe Staatsverschuldung der Schweiz beläuft sich auf nur 35 % des jährlichen Bruttoinlandsprodukts (Deutschland 75 %).
- In der Schweiz sind gute Anleihen-Renditen möglich.
- Geringes Währungsrisiko: In den letzten fünf Jahren ist der CHF gegenüber dem Euro um 22,96 % und in den letzten zehn Jahren um 43,39 % stärker geworden.[81]

Mein Fazit: Mit Schweizer Anleihen umgehen Sie das Euro-Risiko. Bei einem Euro-Crash wird die Schweizer Währung zudem noch mehr aufwerten.

Info

Zurzeit sind Schweiz-Anleihen mit Coupons bis 4,25 % und mit Fälligkeiten vom 12.03.2016 bis 25.06.2064 erhältlich.

6.3.3 Anleihen in Australische Dollar

Wie schon gesagt, eine Streuung Ihres Vermögens in verschiedene Währungen ist angesichts der nicht enden wollenden Schuldenkrise äußerst sinnvoll. Zu den von mir favorisierten Nicht-Euro-Anleihen, mit denen Sie sich gegen das Risiko eines Euro-Verfalls absichern können, gehören auch Anleihen in Australische Dollar. Das sind ebenfalls Inhaberschuldverschreibungen des Staates, die in Australische Dollar (AUD) notieren.

Diese können Sie gut in Ihr Anleihe-Portfolio einbauen. Dafür sprechen folgende Fakten:

- Die geringe Staatsverschuldung Australiens liegt bei nur 34,5 % des jährlichen Bruttoinlandsprodukts (Deutschland 75 %).

- Der riesige Kontinent verfügt noch über Rohstoffreserven für Hunderte von Jahren.

- Wegen der dominanten Rolle dieses Sektors für die australische Wirtschaft wird der Australische Dollar allgemein als Rohstoffwährung betrachtet. Sie partizipieren mit einer Investition in den Australischen Dollar indirekt immer auch an der Entwicklung der Rohstoffpreise an den Weltmärkten. Die Preisentwicklung für Kohle, Gas und Eisenerz, Australiens wichtigste Wirtschaftsgüter, sind wichtig für die Stabilität des AUD.

- Gegenüber dem Euro hat der Australische Dollar in den letzten zehn Jahren 2,3 % gutgemacht, in den letzten fünf Jahren aber 9 % verloren. Grund dafür sind die fallenden Rohstoffpreise. Doch der AUD soll in Ihrem Portfolio ein langfristiges Absicherungsinstrument sein, wenn der Euro zusammenbricht.

- Australien verfügt über Devisenreserven in Höhe von 37,2 Milliarden US-Dollar[82] (Deutschland 38,8 Milliarden US-Dollar).[83]

- Australien bietet hohe Anleihen-Renditen.

- Immer mehr Länder vertrauen dem »Aussie-Dollar«. Nach Angaben der australischen Notenbank Reserve Bank of Australia (RBA) halten ausländische Notenbanken rund 60 Milliarden AUD als Reserve.

Mein Fazit: Der Australische Dollar ist zwar nicht so stabil wie der Schweizer Franken oder die Norwegische Krone, gehört aber dennoch in Ihr Portfolio, um eine möglichst breite Streuung zu haben. Der Rohstoffreichtum des Kontinents garantiert keine Staatsüberschuldung, und die Renditen sind hoch.

Info

Zurzeit sind Australien-Anleihen mit Coupons bis zu 8,375 % und mit Fälligkeiten vom 15.06.2016 bis 21.08.2040 erhältlich.

6.3.4 Anleihen in Neuseeland-Dollar

Der Pazifikstaat Neuseeland gehört zu den stabilsten und reichsten Ländern der Region. Ich setze auch auf Anleihen dieses Landes in Neuseeland-Dollar (NZD), und zwar aus folgenden Gründen:

- Neuseelands Staatshaushalt ist nur gering verschuldet mit 35,3 % des jährlichen Bruttoinlandsprodukts (Deutschland 75 %).
- Das BIP-Wachstum betrug 2015 knapp 3 %, für 2016 werden 3,5 % erwartet (Deutschland 1,8 %).
- Neuseeland bietet hohe Anleihen-Renditen.
- In den letzten zehn Jahren ist der NZD gegenüber dem Euro um 3,16 % und in den letzten fünf Jahren um 10,79 % stärker geworden.[84]

Mein Fazit: Mit Anleihen in Neuseeland-Dollar mindern Sie zusätzlich das Risiko eines Euro-Crashs und streuen Ihr Risiko. NZD-Anleihen sind ein zusätzlicher Vorsorge- und Krisenbaustein.

Info

Zurzeit sind Neuseeland-Anleihen mit Coupons bis zu 8,75 % und mit Fälligkeiten vom 01.04.2016 bis 20.09.2035 erhältlich.

Praxis-Tipp:

Wie schon angesprochen, erzielen Sie mit Anleihen keine hohen Gewinne. Doch die von mir empfohlenen Papiere sorgen für eine gewisse Stabilität in Ihrem Portfolio. Vermögenserhalt *auch* durch den Einsatz von Nicht-Euro-Anleihen ist sinnvoll.

Die Gewichtung dieses Bausteines sollte 15 % betragen. Wie Sie die Anleihen über die verschiedenen Währungen aufteilen, kommt auf Ihre individuellen Ziele und Wünsche an.

6.4 Fremdwährungen

Über das Thema Fremdwährungsanleihen haben Sie jetzt schon einiges gelesen. Doch ist das nicht die einzige Möglichkeit, auf die Währungen anderer Länder zu setzen. Das Wichtigste zu diesem Thema erfahren Sie in diesem Kapitel.

6.4.1 Ist ein Fremdwährungskonto sinnvoll?

Bevor ich speziell auf das Thema »Fremdwährungen« eingehe, möchte ich noch eine Frage beantworten, die mir meine Leser immer wieder stellen. Die Antwort dürfte auch für Sie interessant sein. Die Frage lautet: Ist ein Fremdwährungskonto sinnvoll?

Um es gleich vorwegzusagen: Ich bin aus verschiedenen Gründen *kein* Freund von Fremdwährungskonten. Im Falle einer Währungsreform oder einer anderen schweren wirtschaftlichen Krise werden die Banken geschlossen. Haben Sie ein Fremdwährungskonto im Ausland, besteht auch dort die Gefahr, dass Sie aufgrund von Kapitalverkehrskontrollen und Einschränkungen nicht mehr an Ihr Geld kommen. Wie schnell das gehen kann, haben Sie in Griechenland und Zypern gesehen.

Auch der Onlinezahlungsverkehr kann eingeschränkt werden. Das bedeutet für Sie, dass Sie sich kein Kapital mehr beschaffen können. Zwar haben Sie dann in Nicht-Euro-Währungen investiert, aber Sie haben dann keinen Zugriff darauf.

Der dritte Grund, warum ich von einem Fremdwährungskonto abrate, ist eine Erfahrung aus der Vergangenheit. Bei einer Währungsreform können ausländische Gelder im Verhältnis 1 : 1 zur neuen Währung umgestellt, sprich abgewertet werden. Und das, obwohl das ausländische Geld in Wirklichkeit eventuell höher notiert. Das wäre ein riesiger Verlust für Sie. Und das kann einfach so geschehen, mit einem einfachen Pinselstrich der Regierung. Fremdwährungskonten sind für mich daher keine Lösung.

☑ Praxis-Tipp:

Halten Sie Fremdwährungen bar in einem Privattresor. Erkundigen Sie sich bei Ihrer Versicherung, wie hoch der versicherte Betrag bei Einbruch oder Feuer ist. Klären Sie ab, ob Ihre Fremdwährungen, Ihr Bargeld, Ihre Edelmetalle in der Hausratversicherung mitversichert werden können. Bei einer guten Versicherung ist das normalerweise kein Problem.

So haben Sie immer Zugriff auf Ihr Bargeld, auch wenn die Banken geschlossen sind und Ihr Konto gesperrt ist.

Für einen Anteil von Fremdwährungen in Ihrem Portfolio sprechen eine Menge Dinge: Der Euro hat seit seiner Einführung über 25 % abgewertet. Fremdwährungen schützen Sie vor weiteren Verlusten, denn je länger die europäische Schuldenkrise andauert, umso stärker wird die Gemeinschaftswährung verlieren. Einige südliche EU-Volkswirtschaften werden weiter in die Rezession rutschen. Dadurch entsteht ein zusätzlicher Abwertungsdruck.

Zur umfassenden Anti-Euro-Krisenvorsorge gehören deshalb für mich auch Fremdwährungen. Meine Auswahlkriterien dafür sind:

- Die politische Rahmenbedingungen
- Die wirtschaftlichen Daten (BIP, Wachstum, Erwerbslosigkeit, Produktion, etc.)

- Die Höhe der Gesamtverschuldung (Staat – Unternehmen – Banken – Privat)
- Die Prognosen für die Zukunft

Wenn ich diese Kriterien anlege, schmilzt die Zahl der geeigneten Kandidaten schnell zusammen.

6.4.2 Schweizer Franken

Der Franken wurde am 7. Mai 1850 als Währung der Schweiz eingeführt und hat sich seit über 165 Jahren gehalten. Die Schweiz gilt seit jeher als sicherer Hafen sowohl in Krisen- als auch in Kriegszeiten und verstand es bisher, sich aus allen bewaffneten Konflikten herauszuhalten. Die Wahrung der Neutralität (wenigstens in der Theorie) tat sein Übriges dazu bei, dass die Schweiz bis heute ein gutes Ansehen genießt.

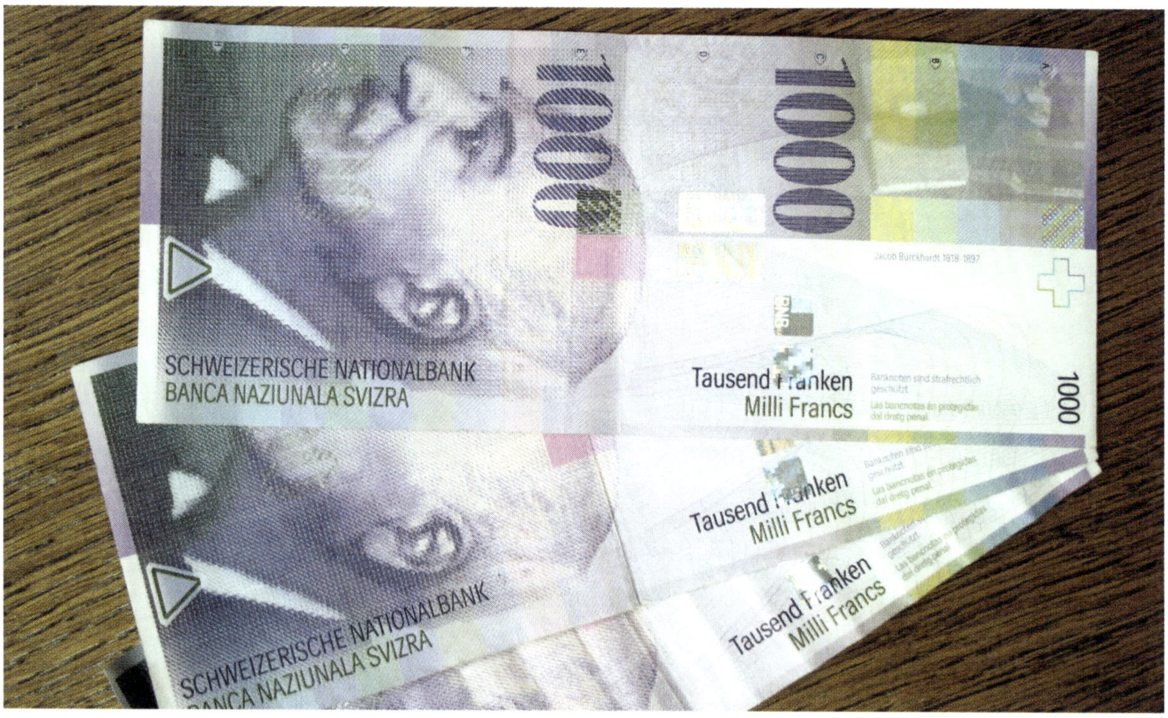

Folgendes spricht für den Schweizer Franken:

- Die Schweiz verfügt über eine stabile Wirtschaft.
- Die Währung profitiert von geopolitischen Risiken in anderen Regionen.
- Die Nachfrage nach der Fluchtwährung Schweizer Franken ist aktuell durch Zuflüsse aus dem Nahen Osten stark.

Auch dort weiß man: Der Schweizer Franken ist ein sicherer Hafen.

- Die Golddeckung wurde erst im Jahr 2000 aufgegeben.[85]
- Die Schweiz fällt durch seine positive Handelsbilanz und große, defensive Konzerne auf.
- Die Schweizer haben keine Verpflichtungen, marode Euro-Staaten zu retten.
- Der Schweizer Export erweist sich widerstandsfähig.
- Die Schweiz hat hohe Handelsüberschüsse gegenüber dem restlichen Europa.
- In der Schweiz ist mit keinem Staatsbankrott zu rechnen.

Mit einer Barreserve in Schweizer Franken sind Sie von einer umfassenden Euro-Abwertung nicht betroffen. Nach dem Euro-Crash wird die Währung der Eidgenossen zudem raketenartig aufwerten.

Info

In den letzten fünf Jahren ist der CHF gegenüber dem Euro um 22,96 % und in den letzten zehn Jahren um 43,39 % stärker geworden.[86]

6.4.3 Norwegische Krone

Die norwegische Staatswährung gibt es schon ganze 127 Jahre länger als den Euro. Sie wurde am 17. April 1875 durch das Gesetz zum Geldwesen als Einheitswährung Norwegens festgelegt.

➔ In Deutschland hat es seit dieser Zeit sechs verschiedene Währungen gegeben!

Allein daran sehen Sie schon, wie *stabil* die Norwegische Krone gegenüber dem Euro ist. Auch die Nationalbank (Norges Bank) macht den Unterschied. Im Gegensatz zu Deutschland definiert in Norwegen nämlich die Regierung die Geldpolitik und den Leitzins. Sie ist nicht von den waghalsigen Manövern der Europäischen Zentralbank abhängig.

Die Krone ist mit dem Rohstoffreichtum des Landes besichert. Aus diesen Gründen bietet sie für mich ein Vielfaches an Sicherheit gegenüber dem Euro. Sollte es zeitweise Seitwärts- oder Abwärtsbewegungen der Norwegischen Krone geben, ist dies nicht weiter schlimm.

Info

In den letzten fünf Jahren ist die Norwegische Krone gegenüber dem Euro um 12,88 % und in den letzten zehn Jahren um 18,22 % stärker geworden.[87]

6.4.3.1 Ein Girokonto in Norwegen

Viele Privatanleger liebäugeln damit, in Norwegen ein Konto zu eröffnen. Doch das ist fast unmöglich. Dazu benötigen Sie nämlich eine sogenannte »Fødselsnummer« (Personennummer). Diese erhalten Sie aber erst dann, wenn Sie eine ordentliche Aufenthaltsgenehmigung in diesem skandinavischen Land besitzen. Ohne diese Nummer ist das Verbleiben im Land auf gerade mal drei Monate beschränkt.

Mit der Fødselsnummer ordnet die Finanzbehörde die Zinserträge den nicht in Norwegen lebenden Steuerpflichtigen zu. Das norwegische Bankengesetz schreibt zwingend diese ID-Nummer vor, die nur einmalig vergeben wird. Nur damit und mit der Vorlage eines gültigen Reisepasses können Sie ein Konto eröffnen.

Doch die Fødselsnummer erhalten Sie nur, wenn Ihr Erstwohnsitz im »Folkeregister« eingetragen ist und Sie ein regelmäßiges Einkommen in Norwegen erwirtschaften. Eigentümer eines Ferienhauses zu sein reicht nicht (mehr) aus, um die begehrte Nummer zu erhalten. Da beißt sich die Katze in den Schwanz.

Nicht zu verwechseln mit der Fødselsnummer ist die »D-Nummer«, die nur sehr eingeschränkte Funktionen hat. Sie hat nichts mit Wohnsitz und Bleiberecht zu tun und kann von untergeordneten Behörden (z. B. Arbeitsamt) oder Banken aus verwaltungstechnischen Gründen vergeben werden. Mit ihr kann aber kein Konto eröffnet werden.

Ich rate Ihnen deshalb, Norwegische Kronen in Cash zu halten. Sie können diese beispielsweise bei der Reisebank ordern, einem Bankinstitut, das Sie an jedem größeren Bahnhof oder Flughafen finden und das sich auf den Umtausch von Währungen spezialisiert hat.

☑ Praxis-Tipp:

Ich möchte nichts verschweigen oder beschönigen, denn auch die Anlage in Fremdwährungen ist mit Risiken bedacht. Doch diese sind beim Schweizer Franken und bei der Norwegischen Krone um einiges geringer als bei der Zeitbombe Euro. Immerhin gibt es die beiden Währungen schon seit 166 bzw. 141 Jahren. Der Euro besteht erst seit 14 Jahren und steht schon jetzt kurz vor dem Aus, egal, was die Euro-Fetischisten behaupten.

Bedenken Sie jedoch: In der Zeit *während* der Einführung einer neuen D-Mark sollten Sie sich vom Großteil Ihrer Fremdwährungs-Investments verabschieden – nämlich *bevor* die neue D-Mark aufwertet. Somit vermeiden Sie Währungsverluste. Ich bevorzuge Fremdwährungen in Cash im eigenen Tresor zu halten.

Aber übertreiben Sie Ihr Engagement in Fremdwährungen nicht. Sie sollten eine Gewichtung von **10 %** Ihres Portfolios nicht überschreiten.

6.5 Immobilien-Investments

Sie wissen inzwischen ja, dass meine Devise »Sicherheit und Inflationsschutz« lautet. Deshalb empfehle ich Ihnen auch Immobilien-Investments zu tätigen. Diese sollen als ein weiterer Sicherheitsanker in Ihrem Krisenportfolio dienen.

6.5.1 Immobilien und Inflationsschutz

Ich habe Ihnen im Kapitel »Vermögensvernichtung durch Inflation« gezeigt, dass Sie sich keinesfalls auf die *offiziellen* Zahlen verlassen sollten. Die wahre Inflation ist ein viel gravierenderer Faktor, den Sie berücksichtigen sollten.

Studien haben ergeben, dass die Mieten von Wohnungen sowie die Kaufpreise von Immobilien in Toplagen im Schnitt schneller steigen als die Inflation. Auch der Anstieg der Büromieten an Topstandorten liegt über der Inflationsrate. Wenn das allgemeine Preisniveau steigt, können Sie sicher sein, dass auch dort der Preis mitgestiegen ist.

Gute Immobilienfonds nehmen eine möglichst breite Risikostreuung nach Standort, Nutzungsart, Mieterstruktur und Größenklasse der Objekte vor. So werden mögliche Marktrisiken minimiert. Investiert wird ausschließlich in renditestarke, gewerbliche oder Wohn-Immobilien an wirtschaftsstarken Standorten Europas und der Welt.

Wenn Sie also mit kleinen (natürlich auch größeren) Beträgen in Immobilien investieren wollen, auf eine breite Streuung von Immobilienanlagen Wert legen, und wenn Sie keine Zeit haben, sich selbst ausführlich um alle wichtigen Details zu kümmern, dann sollten Sie indirekt in Immobilien investieren. Ich komme gleich darauf zurück. Aber zunächst möchte ich noch das Eigenheim, also die selbstgenutzte Immobilie ansprechen.

6.5.2 Ihre eigene Immobilie

Der Kauf von Immobilien ist in Deutschland als Krisenvorsorge sehr beliebt. Das Immobilienvermögen liegt derzeit bei über 5 Billionen Euro[88], Tendenz steigend.

➔ Eine eigene Immobilie ist ein guter Inflations- und Krisenschutz.

Wenn Ihr Haus oder Ihre Wohnung noch schuldenbelastet sind, sollten Sie mit Ihrem Kreditinstitut auf jeden Fall die Möglichkeit von Sondertilgungen vereinbaren. Eine schnellstmögliche Entschuldung sollte nicht nur, sondern *muss* Ihr Ziel sein.

Bei langfristigen Schulden (15–30 Jahre) habe ich persönlich ein ungutes Bauchgefühl. Denn es stellen sich zwei entscheidende Fragen:

1. Wird es den Euro bis dahin noch geben?

2. Werden im Falle einer Währungsreform – wie schon bei solchen Ereignissen in der Vergangenheit – Ihre Hypothekenschulden aufgewertet?[89]

☑ **Praxis-Tipp** für den Crash-Fall:

Wenn es zu einem Euro-Crash kommt, werden die Edelmetalle in Ihrem Portfolio aufwerten. Sind Sie dann noch verschuldet und befürchten Sie eine Aufwertung Ihrer Verbindlichkeiten, könnten Sie diese dann anteilig mit einem Teilverkauf Ihrer Edelmetalle inklusive etwaiger Strafzinsen ablösen.

Weitere Möglichkeit: Treten Sie einen Teil Ihrer Aktien an die Bank ab. Im Gegenzug soll diese dann die Grundschuld zur Löschung freigeben.

Diese Möglichkeiten setzen natürlich voraus, dass Sie *genügend* Aktien und Edelmetalle besitzen. Deshalb bereite ich Sie ja auf den Ernstfall vor. Wenn er eintritt, ist es längst zu spät, um noch irgendwie reagieren zu können. Handeln Sie deshalb jetzt!

Immobilien sind reale Sachwerte. Auch nach einer Währungsreform wird Wohnraum benötigt und Unternehmen brauchen Fabrikhallen zur Produktion sowie Bürogebäude für die Verwaltung. Immobilien werden sich also nach der Krise nicht in Luft auflösen, wie etwa wertlos gewordenes Papiergeld.

6.5.3 Immobilienaktien und REITs

Wenn Sie das Schuldenrisiko mit einem eigenen Haus umgehen und trotzdem in Immobilien investieren wollen, können Sie einen Teil Ihres Vermögens stattdessen in Immobilienaktien und REITs anlegen.

Wichtig bei Ihrer Entscheidung ist, dass das Unternehmen bzw. der REIT ein diversifiziertes Immobilienportfolio anbieten kann. So werden die Chancen von Marktzyklen optimal genutzt.

Info

REITs (Real Estate Investment Trusts) sind Immobilien-Aktiengesellschaften mit börsennotierten Anteilen. Sie investieren häufig in Gewerbeparks, Büroimmobilien oder Einkaufszentren.

Zum Unterschied zu einer »normalen« Immobilienaktie darf ein Unternehmen die Bezeichnung *REIT* nur dann tragen, wenn es sich verpflichtet, mindestens

90 % der Gewinne an seine Anteilseigner abzuführen. Im Gegenzug erlangt der REIT Steuerfreiheit. Durch diese strikten Zulassungsbedingungen gibt es in Deutschland nur wenige REITs.

Wenn Sie jedoch Wert auf hohe Dividenden legen, sind Sie mit REITs an der richtigen Adresse. Häufig liegen die jährlichen Ausschüttungen über 5 %, was Kursschwankungen ausgleichen kann. REITs sind ebenfalls börsentäglich zu handeln.[90]

Mit REITs und/oder Immobilienaktien können Sie mit kleinen Beträgen am Unternehmenswachstum teilnehmen. Sie liefern zuverlässige Ertragsströme, wenn die Objektauswahl stimmt. Neben der Werterhaltung ist auch eine attraktive Rendite mit diesen Immobilien-Investments möglich. Das schützt Sie ebenfalls vor der Euro-Entwertung, denn Immobilien sind der Inflation langfristig weit weniger ausgesetzt als Geldwerte.[91]

Mit einer Investition in Immobilienaktien haben Sie gleich mehrere Vorteile: Profis suchen nach attraktiven Lagen und übernehmen die Verwaltung der Immobilien für Sie. Zudem erhalten Sie noch hohe Dividendenzahlungen. Die Anteile sind zudem jederzeit verkäuflich.

Merke:

Laut Experten ist eine Immobilienblase in Deutschland nicht in Sicht, auch wenn die Preise *regional* steigen. Der Aufschwung in der Branche ist zudem nicht kreditfinanziert, was ebenfalls gegen eine Blasenbildung spricht. Spekulationsblasen entstehen normalerweise durch billige Kredite. Hypothekenkredite sind zwar aktuell günstig, aber ihr Volumen stieg von 2003 bis 2015 nur um rund 8 %. In den Immobiliencrash-Ländern wie Spanien und Irland stieg das Kreditvolumen in derselben Zeit um 150 % an.

Vergessen Sie nicht: Nach dem Crash kommt es fast immer zu einem wirtschaftlichen Aufschwung und folglich zu einer steigenden Nachfrage. Mit den richtigen Immobilien-Investments können Sie deshalb nichts falsch machen.

Die Vorteile von Immobilien-Investments:

- Der Immobilienwert entwickelt sich in der Regel unabhängig von den Aktienmärkten.
- Immobilien bieten Inflationsschutz.
- Immobilien-Investments können meistens börsentäglich gehandelt werden.
- Immobilienaktien und REITs weisen durch die tägliche Marktbewertung hohe Transparenz auf.
- Mit diesen Anlagen erhalten Sie häufig hohe (und zudem steuerbegünstigte) Ausschüttungen.

- Ein Einstieg ist auch mit geringen Beträgen möglich.

Meine Gewichtung im Portfolio liegt deshalb bei **15 %.**

6.6 Rohstoffe

Sie werden es nicht glauben, aber ich empfehle Ihnen auch Rohstoffe. Manche von Ihnen wird das verwundern, weil diese Anlageklasse gewisse Risiken birgt und sich mit meiner konservativen Strategie eigentlich nicht so richtig in Einklang bringen lässt. Aber:

➔ Den *optimalen* Ein- und Ausstiegskurs bekommen Sie sowieso nie!

Info

Rohstoffe (engl. »Commodities«) sind in der Natur vorkommende, industriell nutzbare Ressourcen, die noch nicht weiterverarbeitet wurden. Die Märkte dafür entstanden bereits vor rund 160 Jahren in den USA. Etwa 80 Kaufleute gründeten im April 1848 die »Chicago Board of Trade«. 1851 begann dann der Terminhandel mit landwirtschaftlichen Gütern. Zum ersten Mal hatten Farmer hier zudem die Möglichkeit, ihre Ernten und Fleischprodukte schon im Voraus (»forward«) verkaufen zu können. Die Produzenten sicherten sich somit gegen fallende und die Händler gegen steigende Preise ab. Dieses Prinzip typischer Terminkontrakte hat bis heute seine Gültigkeit.

Erst in den letzten Jahren wurden Rohstoffe als Anlageklasse erschlossen, da es deutschen Banken bis zum Jahr 1997 verboten war, mit Rohstoffen zu handeln. Rohstoffe werden an speziellen Rohstoffbörsen (Kassa- und Terminbörsen) gehandelt.

Die Knappheit der Rohstoffe wird aufgrund der wachsenden Weltbevölkerung und der begrenzten Vorkommen zunehmen. Dadurch werden die Preise steigen und die Rohstoffaktien sowie die Rohstoffe selbst neue Hochs erreichen. Doch wie bei den Edelmetallen ist auch hier Ihre Geduld gefragt.

Die derzeitige Abkühlung der Weltwirtschaft kommt für mich nicht überraschend. Damit sinken auch die Kurse für Rohstoffe. Aber das ist kein Beinbruch.

➔ Die Einstiegskurse sind derzeit günstig!

Seit etlichen Jahren gibt es Finanzprodukte im Rohstoffbereich, mit denen auch Privatanleger schon mit kleinen Beträgen am Rohstoffhandel teilhaben können. Dies kann durch zeitlich limitierte oder unbefristete Papiere geschehen. So können Sie in Rohstoffe anlegen:

- *Rohstoffaktien* sind ein indirektes Investment, die mit all den Vor- und Nachteilen den Gesetzen der Aktienbörse unterliegen.

- *Rohstoff-Futures* sind börsengehandelte Terminkontrakte mit der Möglichkeit zur direkten Partizipation an den Rohstoffmärkten. Sie kaufen oder verkaufen mit einem solchen Terminkontrakt eine im Voraus festgelegte Menge eines Rohstoffs (z. B. Weizen, Nickel, Rohöl) zu einem im Voraus festgelegten Preis.

- *Exchange Traded Fund (ETF) und Futures* bilden unter anderem auch verschiedene Indizes aus Rohstoffaktien ab. Auch in solche ETFs können Sie investieren.

- *Rohstoff-Fonds* investieren ihr Kapital an den Terminmärkten.

- *Rohstoff-Zertifikate* (z. B. »Basket-« oder »Strategie-Zertifikate«) beziehen sich in der Regel auf Futures und teilen das Risiko oft in verschiedene Rohstoffe auf, indem sie Rohstoffe zu ganzen Körben bündeln. Der Käufer (Inhaber) des Zertifikats nimmt an der zukünftigen Wertentwicklung der Rohstoffe in der entsprechenden Mischung und Gewichtung teil.

Ich persönlich bevorzuge Rohstoffaktien und Zertifikate. ETFs und Futures kommen für mich als sicherheitsorientierten Anleger nicht infrage, da wirtschaftliche und politische Veränderungen, aber auch Katastrophen sich sofort auf die Indizes und damit auch auf die darauf abgestellten ETFs auswirken. Diese Risiken sind schwer einschätzbar. Sie erkennen das daran, wie schnell sich Börsenindizes negativ verändern, wenn ein Terroranschlag, ein Flugzeugabsturz oder eine kriegerische Handlung die Welt in Ungewissheit stürzt. Zertifikate unterliegen ebenso Markt- und Emittenten-Risiken. Ausnahme: Garantie-Zertifikate, bei denen zumindest zum Fälligkeitstermin eine Garantie auf den anfänglichen Anlagebetrag gegeben wird.

Ich wiederhole es noch einmal: Meine Empfehlungen sind *nicht* auf *kurzfristige* Spekulationen ausgelegt, sondern auf Ihre *mittel-* bis *langfristige* Vermögenssicherung. Rohstoffe sind nur *ein* kleiner Teil meiner Strategie der Streuung.

Merke:

Der Crash *muss* kommen! 2002 war es so weit und 2008/2009 war es wieder so weit. Zypern und Griechenland lassen grüßen. Der Euro ist nur noch mit Notmaßnahmen zu halten. Aber nach einer – wie immer gearteten – Währungsreform wird es wieder aufwärtsgehen. Waren müssen produziert und an die Käufer gebracht werden. Die Konjunktur wird anziehen.

Sehen Sie Rohstoffinvestments also auch als Anlage für die Zeit *nach* der Krise an. Denn Produktion ist ohne Rohstoffe undenkbar. Zudem bieten Rohstoffe Inflationsschutz. Rohstoffe und Energieträger stehen am Anfang der Wertschöpfungskette. Das verleiht Rohstoffunternehmen eine enorme Preissetzungsmacht. Rohstoffe werden immer gebraucht und genutzt werden.

Für die Bundesregierung ist Rohstoffsicherung ebenfalls ein *sehr* wichtiges Thema geworden. Wie bereits im Februar 2013 bekannt wurde, könnte nach Plänen des Kanzleramts die Rohstoffversorgung in Zukunft sogar militärisch gesichert werden. Störungen der Transportwege und der Rohstoff- und Warenströme gelten in Berlin nämlich als »Gefährdung für Sicherheit und Wohlstand«.[92]

Rohstoffe folgen eigenen Trends. Dadurch stehen sie nur wenig mit anderen Anlageprodukten in Wechselbeziehung. Damit eignen sie sich gut zur Diversifikation Ihres Portfolios.

➔ **Wer streut, fällt nicht!**

Ich wiederhole: Aktien von Rohstoffunternehmen sind sehr schwankungsanfällig. Doch sie bergen auch die Chance einer enormen Wertentwicklung in sich.

6.6.1 Rohöl

Rohöl bleibt für mich eine der wichtigsten Optionen im Rohstoffsegment. Das ist einfach zu erklären:

- Rohöl bildet nach wie vor die größte Energiekomponente, ist der Motor jeder Wirtschaftsentwicklung und wird auch weiterhin eine zentrale Rolle in der Energieversorgung spielen.

- Ohne Rohöl geht nichts, denn das »schwarze Gold« steht am Anfang der Wertschöpfungskette. Ohne Rohöl gibt es kein Wachstum.

- Der Anteil von Rohöl am weltweiten Produktionsvolumen sämtlicher Rohstoffe beträgt fast 45 %. Damit gilt Rohöl als der wichtigste Rohstoff der Welt.[93]

- Es herrschen zunehmende Ängste vor Versorgungsengpässen durch strategische Risiken, was den Preis von Rohöl mittelfristig nach oben treiben wird.

- Auch wenn es zurzeit nicht so aussieht: Rohöl hat ein Aufwärtspotenzial, da die langfristige Nachfrage durch den steigenden Pro-Kopf-Verbrauch gegeben ist.

- Der Ölverbrauch wird von 85 Millionen Barrel pro Tag auf 105 Millionen Barrel bis zum Jahr 2030 steigen – und das trotz der Förderung alternativer Energien und trotz aller Anstrengungen zum Klimaschutz.

➔ Der Ölpreis ist mit Abstand der wichtigste Wert an den Rohstoffmärkten.

Ein gesteigertes Angebot bleibt aus, da es in den letzten Jahren immer schwieriger wird, neue Ölvorkommen zu erschließen. Demzufolge ist der Ölpreis für die weltwirtschaftliche Entwicklung von großer Bedeutung.[94]

Die wichtigsten Rohölsorten sind:

- Brent Crude Oil (Brent), gefördert in der Nordsee
- West Texas Intermediate (WTI)
- Dubai Fateh

Entwicklung der Rohölpreise: 1965 – 2015

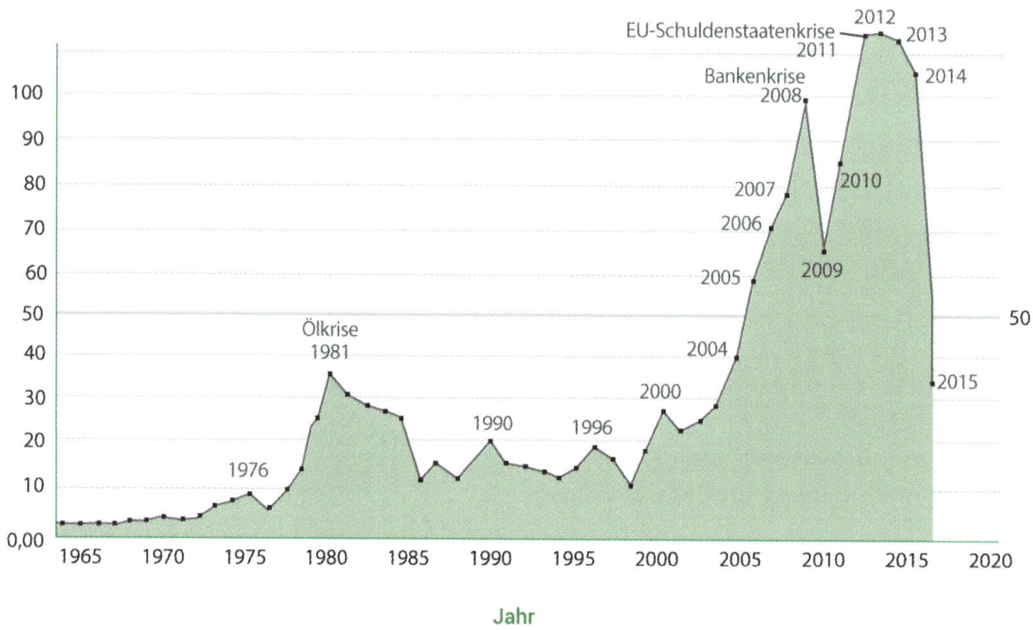

Die historische Entwicklung des Ölpreises in den letzten 50 Jahren zeigt seine hohe Schwankungsanfälligkeit. Das wird sich aufgrund der unsicheren Konjunkturlagen in China, in Russland und in den BRIC-Staaten fortsetzen.

Merke:

Die weltweite Geopolitik, Klimaveränderungen und die globalen Konjunkturaussichten nehmen großen Einfluss auf die Preisentwicklung.

Die Ölpreise sind momentan stärkeren Schwankungen unterworfen. Auch die hohen Benzinlagerbestände in den USA spielen dabei eine Rolle. Sie stiegen auf fast 8 Millionen Barrel. Die Rohölbestände gingen um 2,4 Millionen Barrel zurück. Auch die Angst vor einer neuen Rezession in den USA und die Konjunkturabschwächung in China sowie die Freigabe des iranischen Öls tragen ihren Teil dazu bei.

Bezüglich der langfristigen Perspektive bin ich jedoch optimistisch.

Mein Fazit: Konjunktur hin oder her. Ich bin der festen Überzeugung, dass die Menschheit ohne Erdöl nicht auskommen kann. Auch noch in 20 Jahren werden über 80 % der Energie für Verkehrsmittel aus Erdöl gewonnen werden. Auf Dauer wird es billiges Erdöl also gar nicht geben, denn die inzwischen notwendigen neuen Technologien verursachen viel höhere Kosten als die klassische Förderung. Ich glaube nicht, dass der Benzinpreis in Zukunft so niedrig bleiben wird.

Für Sie als Anleger ist aber noch interessant zu wissen: Erdölunternehmen können Preissteigerungen in Inflationsszenarien umgehend an ihre Kunden weitergeben. So gesehen besitzen manche Investments in Rohöl einen automatisch eingebauten Inflationsschutz.

Praxis-Tipp:

Rohöl sollte *ein* Standbein Ihrer Absicherung in der Anlageklasse der Rohstoffe sein. Aber haben Sie Geduld!

Am besten kaufen Sie Diskont-Zertifikate auf Öl oder investieren in die Aktien von Ölgesellschaften. Die größten sind die britische *BP*, die niederländisch-britische *Royal Dutch Shell,* der französische Konzern *Total* oder der amerikanische Ölförderer *Exxon Mobil*.

6.6.2 Bergbau- und Minenunternehmen

Neben dem Rohöl gibt es auch noch andere Grundstoffe, in die Sie investieren können. Dazu gehören:

- Erze
- Mineralien
- Diamanten
- Kohle usw.

Große Konzerne wie *Anglo American* oder *Black Rock World Mining* sind die Marktführer in diesem Segment.

Minenprodukte werden *immer* gebraucht. Ohne sie ist die Produktion von Gütern nicht möglich. Sie generieren Wachstum und sorgen für Wohlstand. Das wird sich auch in Zukunft nicht ändern.

Ihr Vorteil: Preiserhöhungen können in Inflationsszenarien umgehend an die Kunden weitergegeben werden. Knappe Güter werden dadurch teurer. So bieten auch diese Rohstoffe einen eingebauten Inflationsschutz.

Mein Fazit: Rohstoffe haben sich als Anlageklasse fest etabliert. Investitionen *können* eine profitable Vermögensanlage sein, die allerdings von Faktoren abhängig ist, die Sie selbst nicht beeinflussen können. So ist ein nicht zu unterschätzendes Renditerisiko gegeben.

Zwar sind alle weltweit knappen Rohstoffe als Vermögensanlage interessant, aber neue Rohstofffunde oder die Exploration bislang ungenutzter Lagerstätten können die Preise in der Zukunft beeinträchtigen. Es gibt eine Vielzahl von Akteuren auf den Rohstoffmärkten und die Nachfrage ist schwer zu kalkulieren. Es kommt zudem auf die richtige Streuung an. Deshalb sollten Rohstoffinvestments ebenfalls nicht mehr als **10 %** Ihres Portfolios ausmachen.

7. Ihr individuelles Krisenmanagement

Wie Sie Ihr persönliches Risikomanagement betreiben, ist situationsabhängig, individuell verschieden und hängt von bestimmten Faktoren ab. Ob Vermögenshöhe, Sparleistung oder Alter, jede Lebensplanung und Zielvorgabe ist anders und kann nicht über einen Kamm geschert werden. Aus diesem Grund gehe ich in diesem Kapitel auf Ihre individuelle Situation ein und zeige Ihnen, wie Sie meine Empfehlungen so umsetzen, dass sie zu Ihren persönlichen Zielen und Präferenzen passen.

Wie Sie Ihr persönliches Risikomanagement betreiben, ist situationsabhängig, individuell verschieden und hängt von bestimmten Faktoren ab. Ob Vermögenshöhe, Sparleistung oder Alter, jede Lebensplanung und Zielvorgabe ist anders und kann nicht über einen Kamm geschert werden. Aus diesem Grund gehe ich in diesem Kapitel auf Ihre individuelle Situation ein und zeige Ihnen, wie Sie meine Empfehlungen so umsetzen, dass sie zu Ihren persönlichen Zielen und Präferenzen passen.

7.1 Analyse: Wo stehen Sie?

Ich gebe es gerne zu: Ich bin besonnen, konservativ und auf Sicherheit bedacht. Mir liegt überhaupt nichts daran, schnelle Gewinne zu realisieren, die mit hohen Risiken verbunden sind. Was man schnell gewinnen kann, ist auch schnell verloren.

Wenn Sie zu denjenigen gehören, die gerne zocken, empfehle ich eine viel einfachere Methode als ein sicherheitsbewusstes Vermögensmanagement: Gehen Sie ins nächste Casino und setzen Sie alles auf Schwarz oder Rot.

Ihre Chance beträgt dann fast 50 % (wenn nicht die Null gespielt wird), dass Sie Ihren Einsatz verdoppeln. Natürlich gilt die gleiche Wahrscheinlichkeit für einen Totalverlust Ihres Geldes. Aber das ist jedenfalls transparenter und nicht so zeitraubend, als tagtäglich bei der Analyse der Börsenentwicklung tausend Tode zu sterben.

Ich bin absolut kein Trader. Der tägliche Kurzfrist-Handel ist gut für Menschen, die »Spielgeld« übrig haben und denen es egal ist, ob sie es verlieren oder nicht. Wollen Sie aber eine mittel- bis langfristig sichere Krisenvorsorge betreiben, müssen Sie sich von dem Zockergedanken verabschieden.

Stattdessen sollten Sie zunächst eine Analyse Ihrer momentanen finanziellen Situation erstellen, um festzustellen, *wo* Sie überhaupt stehen.

Wissen Sie schon, wie Sie auf Lebensrisiken reagieren? Stellen Sie sich deshalb zunächst folgende Fragen:

- Wie sieht Ihr bisheriger Versicherungsschutz überhaupt aus?
- Welche Risiken haben Sie abgedeckt?
- Wie ist Ihre Schuldensituation?
- Wie haben Sie Ihr Vermögen angelegt?
- Wie sieht Ihre Notfallplanung aus?

- Welche Ziele und Wünsche haben Ihre Familie und Sie?

Überprüfen Sie dann Ihre Versicherungsverträge. Ich bin zwar kein Freund von Versicherungen, aber zum *Muss* gehört eine Absicherung existenzieller Risiken, die sich wie folgt zusammensetzen sollte:

- eine Risikolebensversicherung (mindestens so hoch wie Ihre laufenden Schulden noch sind; zusätzlich ein Betrag zur Absicherung Ihrer Hinterbliebenen)
- eine Haftpflichtversicherung
- eine Berufsunfähigkeitsversicherung
- eine Krankenzusatzversicherung (Zahnersatz und Dritte Zähne sind teuer! Lassen Sie sie lieber von einer Versicherung zahlen und legen Sie das gesparte Geld stattdessen in Aktien, Edelmetalle oder den anderen von mir empfohlenen Investments an)

Noch ein Wort zur Schuldentilgung: Natürlich ist es nicht sinnvoll, Geld anzulegen, wenn Sie noch eine hohe Schuldenlast haben. Tilgen Sie die Schulden bitte zuerst und halten Sie sich dabei zurück, neue Schulden aufzunehmen. Privatschulden können, anders als Staatsschulden, bei einer Währungsreform aufgewertet werden. Das ist selbst dann denkbar, wenn Ihr Geldvermögen dann vielleicht nur noch aus einem Fünftel oder Zehntel seiner ursprünglichen Höhe besteht. Das wäre Ihr finanzieller Super-GAU!

7.2 Ihr Vermögensschutz-Portfolio

Wie Sie gesehen haben, beruhen *meine* Empfehlungen für den Schutz Ihres Vermögens in der Hauptsache auf konservativen Sachwert-Anlagen. Das vorgeschlagene Portfolio ist konservativ, sachwertorientiert und nutzt dennoch verschiedene Anlagestrukturen, um Ihre Erträge möglichst inflationssicher zu erwirtschaften. Das Volumen an Fremdwährungen und Rohstoffen trägt einer gewissen Risikobereitschaft Rechnung, die vielleicht über die eines total sicherheitsbedürftigen Anlegers hinausgeht. Gleichzeitig sichern Sie sich damit aber eine gewisse Liquidität und die Chance, an neuen Märkten teilzuhaben.

Eine breite Streuung ist dabei wichtig. Verlassen Sie sich nicht nur auf z. B. Edelmetalle oder Immobilien-Investments. Bei meinem Portfolio investieren Sie in sechs

Anlageklassen. So können eventuelle Verluste untereinander ausgeglichen werden. Frei nach dem Motto:

➔ **Wer streut, fällt nicht!**

Ich möchte nun Ihr individuelles Vermögensschutz-Portfolio noch einmal zusammenfassen:

Konjunkturunabhängige Aktien:	30 %
Edelmetalle (Gold + Silber):	20 %
Nicht-Euro-Anleihen:	15 %
Fremdwährungen (CHF, NOK, AUD):	10 %
Immobilien-Investments:	15 %
Rohstoffe:	10 %

☑ **Praxis-Tipp:**

Welche Gewichtung Sie innerhalb der einzelnen Bausteine vornehmen (ob Sie beispielsweise Silber höher gewichten als Gold, Bergbauaktien mehr als Rohölzertifikate etc.), ist von Ihren *individuellen* Zielen und Ihrer aktuellen Situation abhängig.

Wichtig: Überprüfen Sie die Zusammensetzung Ihres Portfolios von Zeit zu Zeit und reagieren Sie auf sich verändernde Umstände.

Zusätzlich gilt die Empfehlung: Halten Sie eine Barreserve von bis zu *sechs Monatseinkommen als Notgroschen* im *eigenen Safe*. Das schützt vor Zwangsabgabe und Bankenschließungen.

Und zum Schluss noch andere wertvolle Tipps:

Checkliste: Daran müssen Sie denken!

☑ Prüfen Sie alle Ihre Versicherungen, Bausparverträge, Sparbücher und andere Kapitalanlagen im Hinblick auf das Thema Sicherheit.

☑ Erwerben Sie Edelmetalle NIEMALS auf Kredit, denn wenn Sie Bargeld benötigen und dazu gezwungen wären, Ihre Gold- oder Silbermünzen wieder zu verkaufen, kann die Differenz zwischen An- und Verkaufspreis sehr hoch sein.

☑ Wenn Banken geschlossen werden, kommen Sie nicht mehr an frisches Bargeld oder an Ihr Schließfach. Sie brauchen also einen privaten sicheren Aufbewahrungsort und einen feuersicheren Tresor.

☑ Vermeiden Sie Schulden: Die Höhe der Verbindlichkeiten wird auch nach einer Währungsreform bestehen bleiben, lediglich Ihr Vermögen wird sich schmälern. Der Nennwert der Schulden bleibt also gleich oder wird sogar höher, während die Lebenshaltungskosten rasch ansteigen können und so einen immer größeren Teil Ihres verfügbaren Vermögens aufzehren. Für den eigentlichen Schuldendienst bleibt dann immer weniger übrig.

☑ Bei Immobiliendarlehen sind Verträge mit Zinsfestschreibungen und Sondertilgungen anderen Hypothekenkrediten vorzuziehen.

☑ Wertverlust: Können viele Menschen ihre Hypotheken nicht mehr bedienen, wird der Wert der einzelnen Immobilie immer weiter fallen. Ein Problem haben Sie dann, wenn der ungetilgte Teil Ihres Darlehens höher ist als der Wert des Hauses oder der Wohnung. Die Folge: Die Bank *kann* weitere Sicherheiten von Ihnen verlangen. Dann kommt es darauf an, auch welche zu haben.

☑ In Bezug auf vermietete Immobilien gilt: Die Regierung könnte einen Mietpreisstopp verhängen, um die Mieter vor Preistreiberei zu schützen. Die Instandhaltungsausgaben könnten gleichwohl inflationsbedingt dramatisch steigen. Auch hier gilt es also, genau hinzuschauen und überdies zu prüfen, ob der Mieter zuverlässig ist und die Miete lange bezahlen kann.

7.3 Bleiben Sie gesund!

Als Letztes, aber es ist sicherlich das Wichtigste, möchte ich Ihnen ans Herzen legen, *gesund* zu bleiben. Vergessen Sie das bei allem Eifer und Ihren Alltagsproblemen nicht.

➔ Ihre Gesundheit ist das Wichtigste, was Sie haben!

Zu einer gesunden Lebensweise gehören Bewegung, Sport (ich selbst praktiziere seit vielen Jahren Kampfsport) und eine gesunde Ernährung.

Und so bleiben Sie körperlich und geistig fit:

- Trinken Sie täglich mindestens zwei bis Drei Liter Wasser oder Tee.
- Ernähren Sie sich gesund (fettarm, zuckerarm, essen Sie vor allem Obst und Gemüse).
- Bewegen Sie sich oder noch besser: Treiben Sie regelmäßig Sport.
- Denken Sie positiv (Ihre Einstellung ist Ihr Leben).

- Gönnen Sie sich Ruhezeiten.
- Gehen Sie raus – und zwar bei jedem Wetter!
- Durch Lesen und Gehirnjogging bleiben Sie auch geistig fit.

Ich wünsche Ihnen nur das Beste.

Und nun viel Erfolg!

8. Quellen

1. Gemeint ist FALSCHGELD (zit. aus: Guy Adams: Sherlock Holmes, Stuttgart 2014, S. 38f.)

2. Target-Verbindlichkeiten sind Nettoforderungen der deutschen Bundesbank gegenüber anderen Notenbanken im Euro-System

3. Stand: 2015 (http://www.wiwo.de/politik/europa/verdaechtige-target-salden-hans-werner-sinn-warnt-vor-italien/11225338.html)

4. Bis September 2016 werden von der EZB insgesamt 1.140 Milliarden Euro an Staatsanleihen angekauft; Deutschland haftet an der EZB mit 27,9 % (http://www.wiwo.de/politik/europa/ezb-kauft-staatsanleihen-der-euro-wird-zur-weichwaehrung/11270104.html

5. http://www.bundesregierung.de/Webs/Breg/DE/Themen/Euro/EFSFundESM/esm_efsm_efsf/_node.html

6. http://www.bundesregierung.de/Webs/Breg/DE/Themen/Euro/EFSFundESM/esm_efsm_efsf/_node.html

7. Ebd.

8. Bis 2024 sollen 55 Mrd. Euro in dem Fonds gesammelt werden, dt. Anteil: 27.9 %

9. http://www.bundesfinanzministerium.de/Web/DE/Themen/Europa/Stabilisierung_des_Euroraums/Bankenunion/Bankenabwicklung/bankenabwicklung.html

10. http://www.t-online.de/nachrichten/ausland/eu/id_74747006/hilfen-fuer-griechenland-so-gross-ist-der-deutsche-anteil.html

11. Deutschland hält 6,12 % Kapitalanteile am IWF; die IWF-Hilfe betrug 20,1 Mrd. Euro

12. http://www.t-online.de/nachrichten/ausland/eu/id_74747006/hilfen-fuer-griechenland-so-gross-ist-der-deutsche-anteil.html

13. http://www.t-online.de/nachrichten/ausland/eu/id_74747006/hilfen-fuer-griechenland-so-gross-ist-der-deutsche-anteil.html

14. https://www.tagesschau.de/wirtschaft/rettungspakete-101.html

15. EU: 50 Milliarden Euro; Wirtschaftswoche Nr. 7 vom 9. Februar 2013

16. Bisher hat Deutschland 383,6 Milliarden in die EU einbezahlt und über Subventions- und Fördertöpfe sowie Regional- und Strukturfonds rund 213 Milliarden Euro zurückerhalten (http://www.faz.net/aktuell/wirtschaft/nettozahler-deutschland-die-melkkuh-der-eu-12057983.html)

17. Stand 2016: Bis 2014 23 Milliarden Euro, dazu kommen jährlich 15 Milliarden Euro (http://www.focus.de/finanzen/boerse/80-prozent-kaufkraftverlust-wie-sich-das-geld-der-deutschen-langsam-aufloest_id_4268471.html)

18. Eigene Recherche und Schätzung (das Wirtschaftswachstum betrug bis zur Einführung des Euro von 1960–2001 durchschnittlich 2,9 % p.a., danach im Schnitt nur noch 0,9 % p.a. Ein Verlust von jährlich 2 %!). Quelle: Veränderung des preisbereinigten Bruttoinlandsprodukts, Statistisches Bundesamt).

19. Eigene Recherchen, Schätzung nur für 2016

20. Prof. Dr. Bernd-Thomas Ramb: Vor der nächsten Währungsreform, Hamburg o. J., S. 38

21. http://www.stiftung-marktwirtschaft.de/wirtschaft/themen/generationenbilanz.html

22. Für 2016 prognostiziert (http://de.statista.com/statistik/daten/studie/166381/umfrage/steuereinnahmen-laut-steuerschaetzung/)

23. Ohne Schuldzins

24. http://www.steuerzahler.de/files/65943/Internet_Zinsausgaben_7-2015.pdf

25. http://www.spiegel.de/wirtschaft/soziales/schulden-der-welt-mckinsey-studie-belegt-deutlichen-anstieg-a-1016749.html

26. http://www.welt.de/print/die_welt/wirtschaft/article148224925/So-wenig-Arbeitslose-wie-seit-fast-24-Jahren-nicht.html

27. http://statistik.arbeitsagentur.de/Statischer-Content/Arbeitsmarktberichte/Monatsbericht-Arbeits-Ausbildungsmarkt-Deutschland/Monatsberichte/Generische-Publikationen/Monatsbericht-201303.pdf

28. Nach § 16 Abs. 2 SGB III

29. http://www.mdr.de/nachrichten/arbeitslosigkeit-statistik-wahrheit100.html

30. Ebd.

31. http://statistik.arbeitsagentur.de/Statischer-Content/Arbeitsmarktberichte/Arbeitsmarkt-Allgemein/generische-Publikationen/Arbeits-und-Ausbildungsmarkt-auf-einen-Blick.pdf

32. http://www.focus.de/finanzen/news/wirtschaftsticker/nahles-arbeitslosenzahlen-werden-durch-fluechtlinge-deutlich-steigen_id_5037677.html

33. http://www.focus.de/finanzen/altersvorsorge/rente/rentenerhoehung-2016-rentner-kassieren-5-prozent-mehr-zahlen-alle-andern-jetzt-wieder-drauf_id_5049245.html

34. http://www.deutsche-rentenversicherung.de/Allgemein/de/Navigation/6_Wir_ueber_uns/02_Fakten_und_Zahlen/02_kennzahlen_finanzen_vermoegen/3_mittelfristige_finanzentwicklung/einnahmen_allgemeine_rv_node.html

35. Ebd.

36. Ebd.

37. Prognose der Bundesregierung

38. http://www.lohn-info.de/sozialversicherungs-beitraege2016.html

39. http://www.zeit.de/wirtschaft/2015-02/armut-deutschland-bericht-paritaetischer-wohlfahrtsverband

40. http://www.deutschlandfunk.de/gesundheitsversorgung-von-fluechtlingen-zwischen-kosten-und.724.de.html?dram:article_id=323020

41. Ebd.

42. Aus dem Prospekt: Basisinformationen zur Anlageklasse Private Equity und den RWB Private Capital Fonds, S. 13, 82041 Oberhaching (Archiv Grandt)

43. http://www.n-tv.de/archiv/Investitieren-in-Hedgefonds-article231565.html

44. Vgl. dazu: Max Otte: Die Krise hält sich nicht an Regeln, Berlin 2010, S. 205

45. Betreffende Monatsberichte der EZB und der Deutschen Bundesbank

46. Livingston Research in: Matthias Müller-Michaelis: Generation Pleite, München 2008, S. 46

47. Monatsberichte der Europäischen Zentralbank und der Deutschen Bundesbank

48. Livingston Research in: Müller-Michaelis, S. 177

49. M3

50. http://de.statista.com/statistik/daten/studie/241829/umfrage/entwicklung-der-geldmenge-m3-in-der-euro-zone/

51. http://boersenlexikon.faz.net/aktie.htm

52. http://www.finanzen.net/nachricht/devisen/Emerging-Markets-Trader-Euro-vor-Ende-So-wirkt-sich-eine-Waehrungsreform-auf-Ihr-Aktiendepot-aus-1871096

53. Ebd.

54. http://www.edelmetallblog.de/geschichte-von-gold/

55. Nikolaus Piper: Geschichte der Wirtschaft, Weinheim/Basel 2007, S. 33

56. Sir Isaac Newton (1643-1727), englischer Naturforscher und Verwaltungsbeamter. Aufgrund seiner Leistungen in der Physik und Mathematik gilt er als einer der bedeutendsten Wissenschaftler aller Zeiten (vgl.: Richard Westfall: Isaac Newton: eine Biographie, Heidelberg/Berlin 1996)

57. David R. Lide (ed.): CRC Handbook of Chemistry and Physics, 90. Auflage, CRC Press, Boca Raton, Florida, 2009. Section 14, Geophysics, Astronomy, and Acoustics; Abundance of Elements in the Earth's Crust and in the Sea

58. http://www.handelsblatt.com/finanzen/boerse-maerkte/anlagestrategie/plan-b-gold-die-aelteste-waehrung-der-welt/6785870-6.html

59. Laut Statistik der US Geological Society

60. Udo Ulfkotte: Mit Gold durch die Krise, Rottenburg 2011, S. 30ff.

61. Artikel 14 GG: »(2) Eigentum verpflichtet. Sein Gebrauch soll zugleich dem Wohle der Allgemeinheit dienen. (3) Eine Enteignung ist nur zum Wohle der Allgemeinheit zulässig. Sie darf nur durch Gesetz oder auf Grund eines Gesetzes erfolgen, das Art und Ausmaß der Entschädigung regelt. Die Entschädigung ist unter gerechter Abwägung der Interessen der Allgemeinheit und der Beteiligten zu bestimmen. Wegen der Höhe der Entschädigung steht im Streitfalle der Rechtsweg vor den ordentlichen Gerichten offen.« (http://www.gesetze-im-internet.de/gg/art_14.html)

62. W. Bareis/N. Nauhauser: Lexikon der Finanzirrtümer, Berlin 2009, S. 135

63. http://www.markobutze.de/Gold_Inflationsschutz_und_Depotversicherung.pdf

64. Im Jahr 1949 lag er bei 10 %

65. Diese Meinung vertrat er im Handelsblatt vom 28. September 2011

66. http://augentumfs.com/2010/03/15/gold-silber-die-vermoegensversicherung-nr-1-teil-1/;
http://www.finanzfrage.net/frage/taugt-gold-zur-altersvorsorge; http://altersvorsorge-gold.de/;
http://www.manager-magazin.de/finanzen/artikel/0,2828,793038,00.html;
http://www.trustablegold.de/1261/gold-zur-altersvorsorge/;
http://www.finanztip.de/recht/bank/geldanlage-gold.htm;
http://finanzmagazin.net/artikel/732.htm;
http://www.glajj.com/finanzen/gold-als-altersvorsorge-3370.html

67. Rolf Beike/Johannes Schlütz: Finanznachrichten lesen – verstehen – nutzen, Stuttgart 2010, S. 864

68. http://www.silber-und-gold.com/gold-kaufen/gold-oder-silber-kaufen

69. http://www.goldsilber.org/lagerkonzept.html

70. Thorsten Schulte: Silber, das bessere Gold, Rottenburg 2010, S. 240

71. Robert Klima: Praktischer Wegweiser für die Weltwirtschaft, Band 5, o. O., 2011, S. 58

72. http://www.nordkap.org/norwegen-will-konjunktur-beleben/

73. http://www.finanzen.net/special/nachricht/Diese-Laender-haben-die-groessten-Devisenreserven-2069378

74. http://www.finanzen.net/special/nachricht/Diese-Laender-haben-die-groessten-Devisenreserven-2069378

75. https://www.tagesschau.de/wirtschaft/norwegen-staatsfonds-kohle-101.html

76. Steigt der Euro gegenüber der Krone während der Haltedauer, so sinkt die Rendite. Gerät der Euro allerdings unter Druck, kann der Anleger mit Norwegen-Anleihen zusätzliche Währungskursgewinne einfahren

77. http://www.onvista.de/devisen/Euro-Norwegische-Krone-EUR-NOK

78. http://www.nordkap.org/norwegen-will-konjunktur-beleben/

79. http://www.finanzen.net/special/nachricht/Diese-Laender-haben-die-groessten-Devisenreserven-2069378

80. http://www.finanzen.net/special/nachricht/Diese-Laender-haben-die-groessten-Devisenreserven-2069378

81. http://www.onvista.de/devisen/Franken-Euro-CHF-EUR

82. http://www.finanzen.net/special/nachricht/Diese-Laender-haben-die-groessten-Devisenreserven-2069378

83. http://www.finanzen.net/special/nachricht/Diese-Laender-haben-die-groessten-Devisenreserven-2069378

84. http://www.onvista.de/devisen/NZD-EUR-NZD-EUR

85. Was viele nicht wissen: Der Schweizer Franken war früher zu mindestens 40 % mit Gold gedeckt. So sah es die Schweizer Bundesverfassung vor. Doch mit dem Beitritt der Schweiz zum Internationalen Währungsfonds (IWF) im Jahre 1992 wurde dieses Prinzip aufgegeben. Durch eine Revision der Verfassung, die am 1. Januar 2000 in Kraft trat, verschwand die Golddeckung. Somit löste sich der Schweizer Franken als letzte Währung von dem Edelmetall

86. http://www.onvista.de/devisen/Franken-Euro-CHF-EUR

87. http://www.onvista.de/devisen/Euro-Norwegische-Krone-EUR-NOK

88. http://www.gevestor.de/details/deutsche-immobilien-blase-wirklich-nur-ein-mythos-565408.html

89. Zu dieser Problematik ausführlich in meinen Büchern »Der Staatsbankrott kommt« (Rottenburg 2012) und »Deutschland vor dem Kollaps« (Rottenburg 2013)

90. Der Geldanlageberater Nr. 4 vom 23. Mai 2013

91. Vgl. dazu auch Focus Money Spezial: Betongold – Jetzt zählt Sicherheit 09/2012, S. 5

92. Vgl. dazu: Handelsblatt vom 19. Februar 2013

93. Schätzung der US-Investmentbank Goldman & Sachs (vgl.: http://www.finanzen.net/rohstoffe/oelpreis)

94. http://www.finanzen.net/rohstoffe/oelpreis

Stichwortverzeichnis

H

I

K

L

N

O

P

R

S

T

V

W

Z